POEMA DE FERNÁN GONZÁLEZ

LITERATURA

ESPASA CALPE

POEMA DE FERNÁN GONZÁLEZ

Edición
H. Salvador Martínez

Para Miguel Garci Gómez
gran compañero de todo
y mucho más
Salvador
6/XII/94

COLECCIÓN AUSTRAL

ESPASA CALPE

© *Espasa-Calpe, S. A.*

—

Maqueta de cubierta: Enric Satué

—

Depósito legal: M. 27.446—1991

ISBN 84—239—1995—1

Impreso en España

Printed in Spain

Talleres gráficos de la Editorial Espasa-Calpe, S. A.

Carretera de Irún, km. 12,200. 28049 Madrid

ÍNDICE

POEMA DE FERNÁN GONZÁLEZ

INTRODUCCIÓN

I. Fernán González

1. *Historia y leyenda*

La documentación histórica relativa al conde Fernán González, el héroe que hizo a Castilla, y protagonista del poema que lleva su nombre, no es muy abundante [1]. Nada sabemos de él con anterioridad al año 929, cuando acompañado de su madre Muñadona, condesa de Lara, el 28 de enero, bajó del Picón de Lara, residencia familiar a unos 5 ó 6 kilómetros del monasterio de Arlanza, a la iglesia de Quintanilla de las Viñas para hacer donación de dicha iglesia al cé-

---

[1] Toda la documentación cronística y de archivo ha sido recogida y analizada minuciosamente por René Cotrait en su monumental estudio *Histoire et poésie. Le comte Fernán González: Genèse de la légende,* Grenoble, Imprimerie Allier, 1977, especialmente en las págs. 256-284. Son obras también fundamentales para la vida del héroe castellano y la historia del siglo X las siguientes: Fray Justo Pérez de Urbel, *Fernán González. El héroe que hizo a Castilla,* Buenos Aires-México, Espasa-Calpe, 1952, y su *Historia del condado de Castilla,* 3 vols., Madrid, CSIC, 1945; Manuel Márquez-Sterling, *Fernán González, First Count of Castile: The Man and the Legend,* University of Mississipi, Romance Monographs, Inc., núm. 40, 1980.

lebre monasterio [2]. Es sintomático que la primera aparición de Fernán González en la documentación histórica tenga que ver ya con una donación religiosa y el destinatario sea precisamente el monasterio de Arlanza, pues sin duda fue el deseo de glorificar al bienhechor de incontables monasterios castellanos lo que llevó a un monje de Arlanza a componer el poema conservado. No se sabe cuándo nació el héroe castellano pero se cree que debió de ser hacia el 910-915. Hoy día ya nadie sostiene su nacimiento entre el 890 y el 895, como se pensaba hasta no hace muchos años, basándose en la errónea datación de un documento que se creía del 912 [3]. Sus antecesores se pierden en la leyenda. Ni Nuño Núñez Rasura, su «abuelo» (en realidad habría sido bisabuelo), ni Laín Calvo, «abuelo» del Cid, sabemos exactamente quiénes fueron, aunque la leyenda de ambos aparece en todas las crónicas primitivas: *Sampiro, Silense* y *Najerense* [4]. Según dicha leyenda, tanto el Cid como Fernán González descenderían de los mencionados «jueces», o «alcaldes», que los castellanos habrían elegido cuando, según la *Crónica de Pelayo* de Oviedo, Ordoño II (914-923) liquidó (encarceló o mató, no está claro) a todos sus condes en Tejares junto al Carrión [5]. Los

---

[2]   *Cartulario de San Pedro de Arlanza, antiguo monasterio benedictino,* ed. Luciano Serrano, Madrid, CSIC, 1925, pág. 19; M. Ferotin, *Recueil des Chartes de l'abbaye de Silos,* París, 1897, págs. 14-17.

[3]   Cfr. Márquez-Sterling, *op. cit.,* págs. 43-44; Pérez de Urbel, *Historia del Condado de Castilla,* págs. 345-356; Ramón Menéndez Pidal, «Fernán González, su juventud y su genealogía», *BRAH,* CXXXIV (1954), págs. 335-358.

[4]   Para las diversas genealogías, véase Louis Chalon, *L'histoire et l'épopée castillane du Moyen Age. Le cycle du Cid. Le cycle des comtes de Castille,* París, Editions Honoré Champion, 1976, págs. 398, 574-575.

[5]   Cfr. Pérez de Urbel, *Fernán González,* pág. 31, donde se resume el contenido de las crónicas primitivas mencionadas más arriba.

padres de Fernán González fueron Gonzalo Fernández y Muñadona, o Muña, y habría nacido en los alrededores de Lara, según la opinión más común, o tal vez hacia Clunia-San Esteban de Gormaz, como piensan otros [6]. La documentación histórica desconoce por completo la infancia y primera juventud del héroe castellano. Parece como si esta laguna en la vida del libertador de Castilla, al igual que en la vida del Cid, hubiese sido destinada a ser rellenada por la poesía épica, según veremos más adelante.

A primeros del 931 Fernán González se casó con Sancha, hija de Sancho Garcés I de Navarra y hermana de Onega, esposa de Alfonso IV de León, y de Urraca, que en el 932 se casará a su vez con Ramiro II de León. Sancha iba ya por su tercer matrimonio pues había estado anteriormente casada con Ordoño II de León y con Álvaro Harramelúriz, conde de Lantarón [7]. Fernán González se casó, al parecer, una segunda vez con una cierta doña Urraca Garcíez, hija de García Sánchez I de Navarra y, por tanto, sobrina de su difunta esposa doña Sancha [8]. El matrimonio de Fernán González, noble de segunda categoría, con Sancha fue tal vez el mayor acierto político de su carrera, pues le colocó en el centro del conflicto navarro-leonés del que se pudo beneficiar manipulando sus relaciones familiares para conseguir la independencia de Castilla.

Si desde el punto de vista estrictamente histórico la vida personal de Fernán González nos es muy poco conocida, de sus actividades como personaje público

---

[6]   Márquez-Sterling, *op. cit.,* pág. 139.
[7]   Cfr. G. Cirot, «Fernán González dans la Chronique Léonaise», *BH,* XXIII (1928), pág. 81; Chalon, *op. cit.,* págs. 399 y 403.
[8]   Urraca aparece en el 962 con el título de condesa de Castilla; a la muerte de su esposo, en junio del 970, se volvió a casar (975) con Guillermo Sancho de Gascogne. Cfr. Chalon, *op. cit.,* página 403, nota 38.

de la historia castellana del siglo X sabemos algo más. He aquí algunas de las más destacadas. En el 932 confirma los fueros de Brañosera, antigua patria de sus antepasados; en el 937 cede al monasterio de Arlanza el control de Cárdaba, cerca de Sepúlveda y, unos diez años más tarde (946), repuebla a esta última ciudad. En cuanto a sus luchas históricas con los reyes de León para conseguir la independencia de Castilla, sabemos que en el 943, según *Sampiro,* se rebeló contra Ramiro II y fue hecho prisionero durante algún tiempo en León como castigo de su rebeldía [9]. Este cronista es el único contemporáneo que nos cuenta el hecho de la prisión y de su liberación sucesiva, pero sin entrar en detalles. Casi dos siglos más tarde, la *Historia silense,* seguida de la *Najerense* y del historiador don Lucas de Túy, nos cuenta que recobró la libertad a cambio de la promesa de casar a su hija Urraca con el futuro rey de León, Ordoño III (951-956), hijo primogénito del mismo Ramiro II. La liberación de Fernán González debió tener lugar en la primavera del 945. Al subir al trono Ordoño III, el conde castellano, sin duda por influjo de su hija, y ahora reina, adquiere de nuevo el gobierno de toda Castilla que, como resultado de su encarcelamiento, Ramiro II había cedido a su hijo Sancho. Según el cronista *Sampiro,* que simpatiza muy poco con la causa del conde, a la muerte de Ramiro II, la ambición del castellano por obtener el control absoluto de Castilla le llevó a ponerse del lado nada menos que de Sancho Ordóñez (956-958, 960-966), conocido con el apodo de *el Craso,* con el fin de derrocar a Ordoño III, el esposo de su hija y el que le había devuelto el mando de Castilla [10]. Según la *Crónica de Pelayo* de Oviedo, la razón de la oposición del conde a Or-

---

[9]   *Crónica de Sampiro,* ed. Pérez de Urbel, Madrid, 1952, págs. 328-329.
[10]   *Ibíd.,* págs. 332-333.

doño III habría sido que éste amenazaba con repudiar a su mujer, hija de Fernán González, para casarse con Elvira de Galicia con la cual había tenido ya un hijo ilegítimo, mientras que Urraca no había podido darle descendencia [11]. No queda, sin embargo, muy claro, cómo Fernán González pudo levantarse contra su propio yerno y apoyar al que había sido su rival durante el período que estuvo en la cárcel, pero el hecho es que lo hizo.

Una vez proclamado Sancho rey, nuestro «héroe» continuó intrigando contra éste y a favor de Ordoño IV (958-960), hijo del depuesto Alfonso IV *el Monje,* que hasta ese momento había estado arrinconado y desinteresado de la vida política. Para ello el astuto conde castellano se sirve una vez más de su hija, que había quedado viuda de Ordoño III, casándola, en el 958, con su nuevo favorito Ordoño IV, conocido con el nombre de *el Malo.* Está claro que lo que Fernán González buscaba era plantar un descendiente suyo en el trono de León. Pero esta nueva treta política no le salió bien, ya que Sancho I pidió ayuda a los árabes y al rey de Navarra García Sánchez a cuya corte había recurrido, bajo el amparo de su madre la reina Toda, para buscar remedio a su exagerada gordura [12]. El rey navarro declaró guerra a Castilla, capturó a Fernán González y a sus hijos arrojándoles a todos a las mazmorras. Este episodio histórico fue el que tanto irritó al monje poeta que lo definió como la traición de Cirueña (estr. 589-605).

Para conseguir la libertad, el conde tuvo que jurar

---

[11]   *Crónica del obispo Don Pelayo,* ed. B. Sánchez Alonso, Madrid, 1924, pág. 34.

[12]   *Sampiro,* págs. 334-335. El califa cordobés Abd-er-Rahman III respondió mandando a Pamplona a su médico personal y hábil embajador Abu Yusuf Hasday, conocido como *el judío* (gran médico de la corte cordobesa y versado en lenguas y ciencias). El embajador propuso sus condiciones para sanarlo de su gordura y ayudarlo militarmente contra el conde castellano.

que nunca más volvería a ayudar a Ordoño IV. En la
poesía popular, como veremos, este episodio adqui-
rió un tono mucho más audaz y romántico haciendo
intervenir fabulosamente a doña Sancha, hermana del
rey navarro, la cual, enamorada del conde, le habría
rescatado para que luego se casase con ella (estr.
635-691) [13]. Históricamente, sin embargo, Fernán
González, tras su captura en Cirueña, fue llevado en
cadenas primero a una fortaleza navarra y de allí a
Pamplona, Clavijo, cerca de Albelda, y luego a un
castillo de la Rioja que la *Najerense* llama Tobía y el
POEMA Castroviejo. No sabemos cómo consiguió la
libertad, pero no faltan historiadores, como Pérez de
Urbel, que admiten la versión del POEMA, explicando
el hecho con un segundo matrimonio, como decía-
mos, con una princesa navarra llamada Urraca, ce-
lebrado entre el 960 y el 962 [14]. La libertad, más pro-
bablemente, la consiguió por intervención de la reina
Toda que, a pesar de todo, reconocía la necesidad de
mantener a Fernán González en Castilla, como ba-
rrera contra las tropas cordobesas; aunque también es
cierto que por estas fechas el héroe castellano, viudo,
se casó por segunda vez con una princesa navarra
llamada Urraca y su hija, divorciada finalmente de
Ordoño IV, se casó con Sancho García, el heredero
al trono de Pamplona [15]. En el POEMA, como veremos,
los cuatros reyes de León que ocuparon el trono en
vida de Fernán González, quedaron reducidos a uno:
Sancho I *el Craso,* el más odioso y ridículo de todos
ellos por su deformidad física y por haber ido a buscar
remedio a Córdoba. Indicio seguro de que este rey era
ya el antihéroe elegido por los juglares en su versión
épica perdida.

---

[13]   La fábula, de índole juglaresca, aparece ya en la *Najerense,*
ed. G. Cirot, *BH,* XIII (1911), pág. 1.

[14]   Cfr. *Fernán González,* pág. 161.

[15]   Cfr. Márquez-Sterling, *op. cit.,* pág. 97.

La carrera política del «libertador de Castilla» se nos presenta, por tanto, históricamente, mucho más tortuosa y, desde luego, mucho menos heroica que lo que nos quiere hacer creer el panfletario monje arlantino; sin embargo, no cabe duda que su astucia y sagacidad política para provocar y aprovecharse de los continuos conflictos políticos y sucesorios entre León y Navarra fueron admirables y le permitieron conseguir un solar castellano, no rescatándolo de los moros, sino usurpándoselo a los cristianos [16].

Aunque Castilla, en vida del conde, no logró la independencia total de León, Fernán González sí consiguió de Ramiro (931-933), tras su liberación de la cárcel en el 945, la autoridad para reunir bajo su condado castellano Burgos, Lantarón, Cerezo y Álava que hacia el 950 estaban ya sólidamente bajo su control. El héroe castellano aparece por primera vez con el título de «conde de Castilla» en un documento del 945 y el 28 de enero del mismo año lo volvemos a encontrar en una donación al monasterio de San Millán de la Cogolla donde se firma oficialmente: «Yo, Fernán González, por la gracia de Dios, conde de toda Castilla» [17]. Pero aún esta relativa independencia Fernán González tuvo que pagarla cara pues, como ya vimos, Ramiro II, después de una de tantas intrigas, lo encarceló en la primavera del 944, nombrando a su hijo, el príncipe Sancho, sucesor suyo en Castilla, bajo la tenencia de Assur Fernández. El encarcelamiento, como vimos, no debió durar más

[16] Cfr. M. Menéndez Pelayo, *Antología de poetas líricos castellanos,* ed. E. Sánchez Reyes, Madrid, CSIC, 1944, VI, página 76, y Justiniano Rodríguez, *Ramiro II, rey de León,* Madrid, 1972, págs. 16 y sigs.
[17] *Cartulario de San Millán de la Cogolla,* ed. L. Serrano, Madrid, 1930, pág. 42. Para la extensión y límites del condado de Castilla a la muerte de Fernán González, véase Menéndez Pidal, *Documentos lingüísticos de España,* I: *Reino de Castilla,* Madrid, 1919, pág. 5.

que unos meses, pues en el 945 Fernán González
aparece de nuevo en documentos castellanos. La úl-
tima carta castellana en la que aparece el príncipe
Sancho es del 1 de febrero del 947; el 25 del mismo
mes ya está Fernán González instalado en Burgos [18].
Evidentemente Ramiro II, deponiendo recelos polí-
ticos, llegó a la convicción de que necesitaba al in-
fanzón castellano para poder mantener la frontera de
Castilla contra las algaras de los musulmanes; de he-
cho los años 947 y 948 marcan el período más álgido
de las actividades guerreras de Fernán González.

2.   Creación del héroe mítico

Si la figura histórica de Fernán González, tanto en
el orden personal y privado como en el de personaje
de la vida pública, adolece de graves lagunas, su
perfil religioso, como restaurador de cenobios y
bienhechor de incontables monasterios, es mucho
más claro. El padre Luciano Serrano, que publicó la
mayor parte de los cartularios de los monasterios
burgaleses y riojanos que existían en aquel siglo X,
tan floreciente de vida monástica y de fervor ceno-
bítico, cita numerosos documentos en que el conde
castellano aparece como concesionario y signatario
de bienes y privilegios a monjes, iglesias y cabil-
dos [19]. Tal fue el fervor, y hasta la rivalidad, de con-
signar la generosidad del conde, que hasta se inven-
taron documentos falsos para poder enlazar su figura
con determinados monasterios; así sucedió, por
ejemplo, con los famosos *Votos de San Millán* [20]. Y,

[18]   Cfr. Pérez de Urbel, *Fernán González,* pág. 116.
[19]   L. Serrano, *El obispado de Burgos y Castilla primitiva.
Desde el siglo V al XIII,* Madrid, CSIC, 1935-1936, vol. I, pági-
nas 161-162.
[20]   La leyenda forma parte de la *Estoria del señor sant Millan*
de Gonzalo de Berceo, estrofas 362-479. Para todo este asunto de
los *Votos,* véanse las investigaciones de Brian Dutton, *La «Vida*

desde luego, no debe cabernos la menor duda de que la creación y la supervivencia del mito del héroe que hizo a Castilla se debe, ante todo y principalmente, a los favores que concedió a las instituciones religiosas. Sus hazañas hubiesen sido olvidadas muy pronto si monjes y escritores interesados en su difusión no se hubieran ocupado de perpetuar su memoria, con la creación del mito del guerrero invencible y modelo ejemplar del cruzado cristiano. En realidad, hay que reconocerlo, la personalidad histórica de Fernán González reúne muchos de los criterios del héroe mitológico de la epopeya castellana y del folclore literario universal: origen misterioso, rebeldía y tal vez el más original de todos: el de la incorporación de una leyenda popular, la de la famosa venta, *al gallarín,* del caballo y el azor del héroe al rey de León, cuyo precio, al doblarse cada día, llega a una cantidad tan exorbitante que el rey no puede pagar con todo el dinero del reino, por lo que tiene que conceder la libertad a Castilla (estr. 571-581). Esta forma tan original de conseguir la libertad de un pueblo aparece por primera vez en la obra de Jordanes, *Gética,* del siglo VI, y son muchos los críticos que opinan que la biografía poética del primer conde de Castilla fue bordada sobre este tópico folclórico [21].

En la historia de la epopeya castellana la condición de rebeldía era algo así como el carné para ingresar en el Olimpo de los héroes épicos. El Cid, Fernán González y Bernardo del Carpio fueron rebeldes. Pues bien, el conde castellano, como el mis-

de San Millán de la Cogolla» de Gonzalo de Berceo. Estudio y edición crítica, Londres, Támesis, 1967.

[21]   Véase, por ejemplo, W. J. Entwistle, «The Liberation of Castile», *MLR,* XIX (1924), págs. 471-472; J. B. Avalle-Arce, «El *Poema de Fernán González:* clerecía y juglaría», en *Temas hispánicos medievales. Literatura e historia,* Madrid, Gredos, 1974, pág. 65.

mo Cid, probablemente entró ya en vida; pero en qué forma, no lo sabemos. Hay buenos indicios de que mucho antes de que un monje de Arlanza compusiese su poema, circuló, por lo menos, otro cantar al cual aludiría Berceo en su *Vida de San Millán*[22]; necesariamente éste debía tener las características de la obra juglaresca. Pero hay también, según algunos críticos, huellas incontrovertibles de un cantar juglaresco en la *Estoria de España,* o *Primera Crónica General,* de Alfonso X[23]. La obra del Rey Sabio, sin embargo, no podía acoger con amplitud, prosificándolo como era su costumbre —así lo hizo, por ejemplo, con el del Cid y otras leyendas épicas—, un cantar juglaresco cuyo motivo de fondo y razón de ser era la rebeldía. Dado el clima de crisis y tensión política y familiar en la corte, en gran parte relacionada con asuntos castellanos, el rey Sabio, que quiso ser emperador del sacro romano imperio y acabó depuesto por su hijo, no podía difundir la historia poética de un héroe rebelde; ya tenía bastante en casa.

Los compiladores alfonsíes optaron, como era lógico, por la versión del poema de clerecía compuesto por el monje de Arlanza, en el que se exalta la religiosidad, el cristianismo y, sobre todo, la idea de cruzada, y en el que se eleva al protagonista a la categoría de mito cristiano, tapando, en la medida de lo posible, el motivo de la rebeldía con una fábula: la de la liberación de Castilla por el precio de un caballo y un azor. Aparte de los testimonios de Berceo y de la *Primera Crónica General,* hay huellas de un cantar juglaresco sobre Fernán González

---

[22]   Cfr. Brian Dutton, «Gonzalo de Bercedo and the *cantares de gesta*», *BHS,* XXXVIII (1961), págs. 197-205.
[23]   Cfr. Juan J. Victorio, «Notas sobre *Fernán González*», en *Études de Philologie Romane et d'Histoire Littéraire offertes à Jules Horrent,* Lieja, 1980, págs. 503-508.

en la *Crónica General de 1344,* donde se prosifica la vida poética del conde castellano, no basándose en textos eclesiásticos sino en cantares juglarescos más crudos e irrespetuosos, como pudieron ser los que están a la base del episodio de «las vistas» entre Fernán González y el rey de León [24], o incluso la narración legendaria de la infancia del héroe [25]. Fernán González, como figura épico-mítica, fue también objeto de la introducción pseudo-histórica que aparece en el poema tardío sobre las *Mocedades de Rodrigo* (siglo XIV), donde se le da un tratamiento más juglaresco que eclesiástico [26]. Pero tal vez donde tengamos la prueba definitiva de la existencia de un cantar juglaresco sea en la pervivencia de algunos romances tradicionales de los cuales el más conocido es el que empieza *Castellanos y leoneses* [27].

¿Cuándo se habría compuesto este cantar juglaresco? ¿Cuál de ellos? Porque es evidente que los textos apenas citados reflejan no uno, sino varios cantares o refundiciones. ¿El hecho de que la *Primera Crónica General,* compuesta hacia 1289, aparte los motivos políticos que pudieran tener sus compiladores, desconoce a sabiendas el cantar ju-

---

[24] Cfr. R. Menéndez Pidal, *Romancero tradicional (Romanceros de los condes de Castilla y de los infantes de Lara),* vol. II, Madrid, 1963, págs. 5 y sigs.

[25] La crianza de Fernán González por un viejo caballero, como se cuenta en la *Crónica de 1344,* era sin duda parte del cantar juglaresco, mientras que el *Poema* de Arlanza nos dice que su maestro fue un carbonero, pura invención del monje, ajena a toda tradición anterior. Para otras diferencias fundamentales entre la crónica y el *Poema,* véase R. Menéndez Pidal, «Notas para el romancero de Fernán González», *Homenaje a Menéndez Pelayo,* I, Madrid, 1899, págs. 429-505, especialmente 436-437.

[26] Cfr. A. D. Deyermond, *Epic Poetry and the Clergy. Studies on the «Mocedades de Rodrigo»,* Londres, Támesis, 1968, páginas 189-193.

[27] Véase la edición de R. Menéndez Pidal en *Romancero tradicional,* II, pág. 8.

glaresco, mientras que la de *1344* lo prosifica, significa que se compuso entre esas dos fechas? No lo creo; sobre todo si pensamos que Berceo, que escribía su *Estoria del señor San Millán* hacia el 1235, ya ofrece testimonio de él. Por todo ello, parece lógico concluir que antes de 1250 circuló un cantar juglaresco sobre Fernán González. El mismo, refundido, u otro, debía ser muy popular poco antes de componerse la *Crónica de 1344*. Entre la *Primera Crónica General* y la de *1344* hay que situar la doble alusión a la leyenda de Fernán González por parte de don Juan Manuel en su *Conde Lucanor,* ejemplos XVI y XXXVII. El caso de don Juan Manuel es muy digno de consideración, pues mientras en el ejemplo XVI se sigue muy de cerca la versión contenida en la *Primera Crónica General* y en el POEMA conservado, en la anécdota del ejemplo XXXVII no se usan para nada dichas dos fuentes, ello hace pensar que don Juan Manuel recogió dicha anécdota de la leyenda primitiva sobre Fernán González, que probablemente circulaba oralmente o tal vez en forma poética. Cabe pensar, además, que hubo otra versión de carácter juglaresco atestiguada en las *Mocedades* (1345); y finalmente, la última variante poética de la leyenda fue conocida por la *Crónica del conde Fernán González* de fray Gonzalo de Arredondo (1513-1514), el cual, a pesar de ser abad del monasterio donde se compuso el POEMA conservado, se aparta deliberadamente de él para seguir la versión de la *Crónica de 1344,* ampliándola con elementos probablemente recogidos de la tradición oral y, acaso ya, del romancero.

Toda esta tradición poético-literaria en torno al primer conde castellano —y a la luz de la reciente polémica entre neotradicionalistas e individualistas sobre los orígenes de la épica castellana— ¿cuándo habría empezado y en qué forma literaria? Es muy posible que ya en vida del conde circularan breves composiciones panegíricas en forma poética, pero no sabemos nada de ellas. La primera manifestación escrita de una posible leyenda sobre la liberación de Castilla por Fernán González aparece en la *Crónica Najerense* de hacia el 1160: «comitem Ferdinandum Gonzaluez, qui castellanos de sub iugo Legionensis dominationis dicitur extrasisse» [28]. Pero desconocemos por completo la forma literaria en que tal leyenda se hallaba. La leyenda adquiere una forma literaria concreta por primera vez con el conocido POEMA DE FERNÁN GONZÁLEZ. Con anterioridad a este texto no se ha conservado traza poética alguna de la leyenda, aunque, como hemos dicho, las hipótesis sobre su existencia tienen el valor de lo incontrovertible.

Si de la existencia hipotética de un cantar juglaresco anterior al POEMA conservado pasamos a su contenido, como han hecho muchos estudiosos desde Menéndez Pelayo para acá [29], las especulaciones entran casi en el terreno de la ficción crítica. Si interesa decir algo aquí a propósito de semejante asunto, es exclusivamente por la razón de que se cree, o se postula, que el POEMA conservado se compuso al socaire del juglaresco, del cual el monje arlantino habría sacado materia para muchos de los episodios, tal vez para el argumento central del suyo. Desde el punto de vista formal, el cantar juglaresco era, sin duda, muy diferente; con toda seguridad estaba compuesto en tiradas asonantes a la manera del *Cantar de Mio Cid* y no en alejandrinos monorrimos típicos del mester de clerecía, como el conservado. En cuanto al contenido, ya Menéndez Pelayo con-

---

[28] *Crónica najerense,* ed. A. Ubieto Arteta, Valencia, Anubar, 1966, pág. 16.
[29] *Antología de poetas líricos castellanos,* XI, Madrid, 1903, págs. 229-230; Juan J. Victorio, *Poema de Fernán González,* Madrid, Cátedra, 1981, págs. 16-20.

jeturó sobre lo que el poeta de Arlanza debió de aceptar o rechazar de la materia tradicional juglaresca contenida en dicho cantar perdido, basándose en los elementos eruditos y clericales que él pudo identificar en el POEMA conservado; pero lanzarse a este tipo de especulación parece hoy arriesgado ya que no pueden establecerse con precisión los cánones por los que se regían respectivamente los «poetas juglares» y los «poetas clérigos», como se transparenta con elocuencia en el POEMA mismo que aquí publicamos. Sin embargo, creo que algo podemos decir, en líneas generales, sobre lo que con toda seguridad el cantar juglaresco no contenía: la larga introducción histórica que aparece al principio del POEMA conservado; los particulares típicos de la poesía culta escrita por los «clérigos», tales como el recurso a fuentes escritas y el uso de tópicos retóricos clásicos; el cariz religioso y milagrero de la obra; y, sobre todo, el tema de la cruzada cristiana contra los musulmanes, piedra de toque de todo ideólogo religioso propulsor de la reconquista (410). Por otro lado, podemos conjeturar, y con buenas razones, que el hipotético cantar juglaresco debía contener, y sin duda con mucho mayor énfasis, el tema de la independencia y, por tanto, el de la rebeldía, que en el POEMA conservado tiene un tono muy suave y acomodaticio, al estar encubierto con la capa de la ficción y la leyenda folclórica.

II.   EL «POEMA DE FERNÁN GONZÁLEZ»

1.   *Una obra hagiográfica del mester de clerecía*

Una lectura atenta del POEMA DE FERNÁN GONZÁLEZ conservado (en adelante PFG) deja en el lector la clara impresión de que ha sido concebido a la manera de las obras hagiográficas; sobre todo si pensamos que la hagiografía en la alta Edad Media, como dice B. de Gaiffier, no se desarrolló para mostrar y exaltar las vidas de los santos, sino para incrementar la gloria de las iglesias puestas bajo su advocación [30]. Esta observación, que, por lo que hemos venido diciendo, en nuestro caso no necesita demostración alguna, nos lleva a afirmar, de entrada, que el autor del POEMA era un monje o allegado al monasterio benedictino de San Pedro de Arlanza, y que, desde luego, escribe para incrementar su gloria, pues defiende denodadamente sus intereses, empezando por el hecho de conservarse en él los restos del héroe. Como buen medieval, el asunto de las reliquias que atraían a los devotos, y, con ellos, la prosperidad del monasterio, no podía pasárselo por alto.

Por criterios internos se deduce también con bastante precisión la fecha de composición: se alude a «Acre e Damiata» (647d), fortalezas conquistadas por San Luis de Francia en el 1249; y se da a Alfonso, hijo de Luis VIII de Francia, el doble título de conde de Piteos y de Tolosa (332a) que poseyó sólo a partir de 1250; por lo tanto, el POEMA fue compuesto después de esta fecha, pero no después de 1252 cuando muere Fernando III *el Santo,* el rey que conquistó la patria de «mar a mar» (2c), es decir, del Atlántico al Mediterráno. En consecuencia, la fecha de composición puede fijarse con toda seguridad entre el 1250 y 1252 [31].

---

[30]   B. de Gaiffier, «L'hagiographie et son public au XIe siècle», *Miscellanea historica in honorem L. van der Essen,* I, Bruselas-París, 1947, págs. 135-166; M. Rosa Lida de Malkiel, *La idea de la fama en la Edad Media castellana,* México, FCE, 1952, reimpresión 1983, pág. 197.

[31]   Ésta es la fecha y el razonamiento aceptado por la mayoría de los estudiosos; sin embargo, no han faltado los disidentes, como Ubieto Arteta que opina que el *Poema* fue compuesto hacia el 1300, «Valoración de la épica en el contexto histórico español», *Príncipe de Viana,* XXX, núms. 116-117 (1969), págs. 227-241.

El texto del PFG nos ha llegado incompleto y muy defectuoso en un único manuscrito de la Biblioteca del Escorial (Ms. B-IV-21), que no es copia del siglo XIII sino del XV [32]. Pero tenemos noticia de otras copias que no se han conservado; así, por ejemplo, fray Gonzalo de Arredondo, en su citada obra *Crónica del conde Fernán González*, reproduce algunas estrofas que no coinciden con la copia del Escorial; y Argote de Molina cita las estrofas 170-173 del POEMA en su *Discurso sobre la poesía castellana,* según confiesa, «de una historia antigua en verso que tengo en mi museo» [33]; finalmente, sabemos que en el siglo XVI Fernando Colón poseía también una copia, al parecer completa, del POEMA [34]. En todo estudio crítico del POEMA conservado, además del manuscrito del Escorial y de los pocos versos dispersos en las obras citadas, habrá que tener muy en cuenta la prosificación que de él se hizo en las diversas crónicas, y concretamente, como ya dijimos, en la *Estoria de España* o *Primera Crónica General,* del Rey Sabio, cuya extensión es aproximadamente la misma en las dos versiones (unas 17.000 palabras). La *Crónica general de 1344,* a pesar de seguir la misma pauta que la *Primera Crónica General,* es hoy considerada de interés mucho mayor para el estudio de la leyenda de Fernán González por contener

---

[32]   El códice contiene además del *Poema,* que aparece en quinto lugar, las siguientes obras: *Consejos y documentos del Rabbi don Santo al Rey don Pedro, La doctrina cristiana, Dança general de la muerte* y *Revelación de un hermitaño*. Cfr. J. Zarco Cuevas, *Catálogo de los manuscritos castellanos de la real biblioteca del Escorial,* Madrid, 1926, vol. I, pág. 60.

[33]   Ambos textos pueden verse en R. Menéndez Pidal, *Reliquias de la poesía épica española,* 2.ª ed. de D. Catalán, Madrid, 1980, págs. 59-61 y 65-68 (para Arredondo), y págs. 61-62 (para Argote de Molina).

[34]   Sobre la copia de Fernando Colón (hoy perdida) y su contenido, véase C. Carroll Marden, *Poema de Fernán González,* Baltimore, The Johns Hopkins Press, 1904, págs. XXIII-XXIV.

algunos detalles que no aparecen en aquélla pero que concuerdan con algunos romances tradicionales, como el citado «Castellanos y leoneses», así como con el poema tardío *Rodrigo y el rey Fernando* (o *Mocedades de Rodrigo,* como lo llaman otros), señal evidente de que con toda probabilidad el compilador de la crónica estaba recogiendo datos de un cantar juglaresco, que no puede ser posterior a mediados del siglo XII [35].

El manuscrito del Escorial fue copiado por Gallardo y Janer; éste lo publicó por primera vez en el volumen LVII de la colección «Biblioteca de Autores Españoles» que sirvió de base para todos los estudios hasta la edición paleográfico-crítica de C. Carroll Marden (Baltimore, 1904); sobre esta edición y a la vista de las correcciones propuestas por Menéndez Pidal en su reseña de la misma, preparó Alonso Zamora Vicente la suya para el volumen 128 de «Clásicos Castellanos» (Madrid, 1946). La espléndida edición de Zamora Vicente sólo ha sido superada por la incomparable de don Ramón Menéndez Pidal publicada en 1951 en su volumen misceláneo *Reliquias de la poesía épica española* (págs. 39-161). Sobre esta última, que sirve de base a la nuestra, diremos algo más adelante al hablar del criterio que nos ha guiado en la preparación del texto.

Desde el punto de vista formal el PFG «constituye, según Avalle-Arce, un caso anómalo y extraordinario en la historia de la poesía medieval castellana. Anómalo, porque es un mester de clerecía en el que se poetiza una extensa narración épica, tema propio de la juglaría. Y extraordinario, porque constituye el experimento poético más audaz de su época, al usar

---

[35]   *Romanceros de los condes de Castilla y de los infantes de Lara,* ed. y estudio de D. Catalán *et alii,* en *Romancero tradicional* de Menéndez Pidal, II, Madrid, CSMP y Gredos, 1963, págs. 5-6 y 7-17.

un metro nuevo, como la *cuaderna vía,* de reciente difusión, para ajustar a su severa regularidad las irregularidades formales características de los relatos épicos» [36]. Esta acertada observación pudiera llevarnos a la pregunta siguiente: ¿es el PFG un poema épico? En efecto, creo que en esto radica la naturaleza del nuevo experimento poético. Vista la obra desde la perspectiva formal (y en algunos de sus temas), no cabe la menor duda de que revela todas las características del mester de clerecía. Pero no se puede decir lo mismo desde el punto de vista de la materia que trata. La obra típica de clerecía, con excepción de la hagiografía berceana, buscó sus asuntos fuera de España y trató temas universales: Apolonio, Alejandro, etc. El experimento llevado a cabo por el poeta de Arlanza consistió, por tanto, en elevar al nivel de los grandes temas universales un asunto local que había sido de dominio exclusivo de los poetas de la calle, los juglares, de tal manera que aúna en su obra la forma de la poesía culta, la materia de la poesía popular y la estructura de la obra ejemplar, la hagiografía. En este aspecto, el PFG representa, desde luego, una obra excepcional y única en la poesía castellana del siglo XIII.

La obra del monje arlantino pertenece, pues, a aquel tipo de poesía culta en lengua vulgar que floreció en España durante el siglo XIII y fue divulgada por los que habían estudiado en las recién fundadas universidades, y sus características formales eran: la creación de una obra literaria conforme a ciertos modelos de inspiración clásica que miraban a una racionalización de la composición poética elaborando sus versos «a sílabas contadas» y engarzándolos en estrofas de cuatro en cuatro rimadas con la disci-

---

[36]   «El *Poema de Fernán González:* clerecía y juglaría», página 64.

plina férrea del consonante. Todo esto crea un contraste evidente con la irregularidad espontánea del verso juglaresco típico de la épica popular, constituido por tiradas asonantes, que fue la única forma poética conocida hasta Berceo y el *Libro de Alexandre*.

Estilísticamente, el PFG acusa también esta doble vertiente popular y culta. Se hace uso de determinados recursos estilísticos propios de la poesía juglaresca: «sepades», «volvamos allá», «contar vos he primero», «os diré», etc., así como el empleo de recursos mnemotécnicos típicos de la técnica formulística oral, tales como los epítetos juglarescos: «conde batallador», «esa lanza dudada», «el de las buenas mañas», «el de los fechos granados», etc. Pero lo que verdaderamente determina la naturaleza culta de la obra es su tendencia a la erudición libresca con repetido énfasis en las fuentes escritas; el poeta alude frecuentemente a ellas con las palabras: *escrito* (14), *dictado* (101), *lienda* (695) y *escritura* (25 y 134) [37]. Aparecen, además, los recursos estilísticos y los *topoi* usados por el escritor profesional y culto: la abreviación (432a-b), la dificultad de hallar la expresión adecuada (723d), el valor del tiempo (351 y 358), el clásico «per aspera ad astra» (354-357), el epíteto épico con el que se caracteriza al héroe (26a, 27a, 40c), o a su patria —«España la gentil» (89a), «Castilla la preciada» (57)—, y tal vez aún más interesante por su peculiaridad, al ser aplicado a un héroe pro-

---

[37] Todas estas fuentes fueron ya identificadas por Marden en la introducción a su edición y ulteriormente precisadas y corregidas por M. Rosa Lida de Malkiel, «Notas para el texto del *Alexandre* y para las fuentes del *Fernán González*», *RFH*, VII (1945), págs. 47-51; finalmente L. F. Lindley Cintra ha ampliado y profundizado en el tema de las fuentes en su trabajo: «O *Liber Regum*, fonde comun do *Poema de Fernán González* e do *Laberinto* de Juan de Mena», *Boletim de Filologia*, XIII (1952), págs. 289-315.

fano, el tópico senequista «del tormento a la gloria» («quanto plus tormenti, tanto plus erit gloriae, *Diálogos,* I, 3, 9), repetidamente usado en la hagiografía.

Su filiación eclesiástica y erudita se revela también en el uso de determinadas fuentes, entre las que se pueden contar la *Biblia,* San Isidoro de Sevilla, el Pseudo-Turpin del *Codex Calixtius,* el historiador Lucas de Túy, y acaso Ximénez de Rada, un cronicón navarro-aragonés, conocido con el nombre de *Liber regum,* el *Libro de Alexandre* y Gonzalo de Berceo. Esta dualidad, tanto en el estilo literario que usa como en las fuentes de que se sirve (que van de las obras más cultas a las leyendas populares recogidas de la tradición oral y de fuentes escritas), ha sido uno de los aspectos que más ha desorientado a los críticos modernos cuando se ha tratado de determinar el género poético del poema y su valor estético. Creo, sin embargo, que, aparte el valor literario que pueda tener como obra experimental, hay una explicación que nos puede ayudar a entender este texto híbrido; de ella hablaré más adelante.

2.   *Retrato de autor: un monje nacionalista castellano*

Aparte lo que hemos dicho del autor, como perteneciente o allegado al monasterio de Arlanza, no sabemos nada de él y parece superfluo perderse en especulaciones e hipótesis sobre sus orígenes y procedencia. Sin embargo, algo podemos añadir sobre su perfil espiritual y político. Es evidente que el monje arlantino pertenece a aquel grupo de mozárabes tradicionalistas que, no obstante las reformas cluniacenses del siglo anterior, seguían fieles a los ideales del neogoticismo, idea regeneracionista y trasnochada de un imperio cristiano espiritual y político cuyo centro había sido la vieja capital de los godos, Toledo, y que él quisiera ver renacer en Castilla la Vieja.

Nuestro poeta siente una admiración sin límites por los godos, hasta el punto de que llega a enlazar las acciones de su héroe con las de sus cristianísimos antepasados:

> Venieron estos godos de partes d'oriente,
> Cristo los embió, esto sin fallimiente; (15a-b)

> Passaron a España con *el* su gran*d* poder, (18)

> onbres fueron arteros, *Dios* los quiso guiar. (19d)

> Fueron de Sancti Spiritus los godos espirados, (20a)

> Rescibieron los godos el a*g*ua a bautismo,
> fueron luz e estrella de todo el cristianismo,
> alçaron cristiandat, baxaron paganismo,
> el cond Ferrán Gonçález fizo aquesto mismo. (23a-d)

> fueron de todo el mundo pueblo muy escogido,
> cuanto el mundo durare n*on ca*drán en olvido. (24c-d)

Su fidelidad a los ideales del imperio visigodo le lleva a ocultar el pecado de don Rodrigo por el que se perdió el reino (tan sólo nos dice: «por culpa en que era non le era Dios amigo», 35d; pero poco más adelante se le olvida esta culpa y le llama «buen rey», 217b) y a descargar la responsabilidad de la pérdida sobre los vitizanos (que «non devieran nasçer», 41a) y sobre el traidor don Illán («por que ovo el reino ser todo destruído», 42d). Para él, hablar de la pérdida de España y de la caída del imperio visigodo, es «grand dolor» (36d). Y la razón es principalmente porque el poeta ve el pasado visigodo como la edad de oro de la religión cristiana:

> Era estonçe España toda d'una creençia,
> al Fijo de la Virgen fazían *rever*ençia,
> pesava al diablo con tanta obediençia,
> non avía entre ellos envidia nin *entença*, (37)

y la época soñada en la política y el orden social:

Vesquían de su lazerio todos los labradores,
las grandes potestades non eran rovadores,
guardavan bien sus pueblos com leales señores,
vesquían de su derecho los grandes e menores. (39)

Cuando esta época termina con la derrota de San-
gonera (78c), «tod el bien de los godos por end es
confondido» (100d), de tal manera que «non quedó en
España quien valiesse un figo / si non Castilla Vieja
un logar muy antiguo» (217c-d).

De los godos y sus sucesores nuestro poeta se lo
sabe todo. Conoce a sus reyes y a sus líderes espiri-
tuales, de los cuales menciona explícitamente a San
Eugenio, arbobispo de Toledo, y a San Isidoro de
Sevilla (26). Su curiosidad por toda la cultura goda es
tal, que no me sorprendería que hubiese conocido la
obra de Jordanes, *Gética,* donde se cuenta la fábula
de la liberación de todo un pueblo por el precio de un
caballo y un azor. Él también usó muy hábilmente
esta fábula para explicar la liberación de Castilla y
ocultar así, bajo el ropaje de la ficción, la verdadera
causa de la liberación —la rebeldía de Fernán Gon-
zález contra su rey de León— que él, como buen
monje de Arlanza, no podía promover ni divulgar.
Heredero espiritual de los godos, el monje-poeta
anhela volver al pasado, pero, como esto no es posi-
ble, después de cinco siglos y medio de historia pos-
visigoda y de reformas cluniacenses, se propone re-
vivirlo en su héroe, del que se sirve para expresar sus
ideales, sus prejuicios y sus creencias en un imperio
cristiano con Castilla como centro espiritual, algo así
como una nueva Toledo en Burgos (57c-d). Castilla,
nos dice, es lugar seguro y bien protegido donde,
después de la caída, renació la nueva nación cristiana
(157, 217).

Tal vez donde más nos revela su íntima persona-
lidad, es en su radicalismo político-cristiano y en su
actitud intransigente para con el enemigo, a pesar de

las victorias recientes de Fernando III. Si en lo épico su obra está dominada por dos motivos principales —la liberación de España del poder de los musulmanes y de Castilla del de los leoneses—, en un plano más personal el monje-poeta se siente a disgusto con los franceses, los «perros descreídos» invasores, y, de forma más solapada, con los navarros y los leoneses.

La situación política y social de España bajo los musulmanes era penosa e insoportable (218); así nos lo dice repetidamente y en muchos versos. Sin embargo, cuando se trató de obtener ayuda de Carlomagno, a cambio de la sumisión y vasallaje y del pago de parias, el monje arlantino se revela haciendo decir a Alfonso *el Casto:*

> Envió rey Alfonso al rey Carlo mandado,
> q*ue* en ser atribuïdo non era acordado;
> por dar parias por él non quería el reignado,
> sería llamado torpe en fer atal mercado. (128)

> Dixo que más quería com estava estar,
> que el reigno de España a Francia sujuzgar,
> que no s'podrían desso françeses alabar,
> ¡qué más la querían ellos en çinco años ganar! (129)

A pesar de la oposición del rey Alfonso, Carlomagno, nos dice el poeta, mandó su ejército a Castilla (España):

> Ayuntó sus poderes, grandes *e* sin mesura,
> movió *po*ra Casti*e*lla, tengo que fue locura,
> al que lo consejó nunca l'marre rencura,
> ca fue essa venida plaga de su ventura. (131)

Para ilustrar estos versos, el poeta injerta la leyenda de Bernardo del Carpio y su victoria de Roncesvalles sobre el ejército franco (141-144). Bernardo del Carpio, héroe leonés, con la ayuda de Marsil, rey musulmán de Zaragoza, derrota al ejército imperial cristiano. Pero para este monje de ideas radicales y profundamente nacionalistas, el enemigo en este momento son los francos; no importa que los opositores fuesen también enemigos: ya llegará el momento de luchar también contra ellos.

Su orgullo personal y su sentido de la superioridad castellana le lleva a afirmaciones como: «Aún Castilla Vieja, al mi entendimiento, / mejor es que lo al, porque fue el çimiento» (158a-b); y en la primera oración de Fernán González, el poeta le hace decir:

Señor, Rey de los Reyes, haya la tu ayuda,
que yo torne a Castiella *a la* buena medida.
  Si por alguna culpa cayemos en *tu* saña,
non sea sobre nos esta pena tamaña,
ca yazemos cativos de todos los d'España,
los señores ser siervos tengo lo por fazaña. (187c-d-188)

Está claro que «los señores» de la tierra, es decir, los castellanos, no pueden soportar la condición «indigna» («fazaña») de ser siervos y tanto menos de ser cautivos de todos (se refiere a leoneses y musulmanes) los de España. La mera posibilidad de perder la batalla y tener que pasar de señores a siervos le obsesiona al héroe castellano (léase al monje); por eso cuando uno de sus consejeros, Gonzalo Díaz, propone una tregua, o incluso pagar el tributo a los moros, antes que tener que luchar y tal vez perder la vida, que es lo que más vale (205-206), el héroe replica destempladamente:

    Dixo de lo primero d'escusar el lidiar,
  pero non puede omne la muerte escusar;
  el omne pues que sabe que non puede escapar
  deve a la su carne onrada muerte dar. (210)

La misma idea vuelve a reaparecer poco más adelan-

te, pero añadiéndole una nueva dimensión: la de la
fama que sobrevive a los hechos heroicos:

> El viçioso e el lazrado amos han de morir,
> el uno nin el otro non lo puede foir,
> quedan los buenos fechos, estos han de vesquir,
> dellos toman enxienplo los que han de venir. (353)

Es esta la actitud típica, no del héroe sino del monje:
tenemos que morir, por lo tanto, más vale morir hon-
radamente y cubiertos de gloria (554). Pero en la es-
trofa siguiente aparece ya el orgullo del héroe y el
ideal político del monje-poeta:

> Por la tregua aver, por algo que pechemos,
> de señores que somos vassallos nos faremos;
> en *vez* que a Castiella de *su* premia saquemos,
> la premia *en* que era doblar gela í hemos. (211)

Termina la invocación-arenga de Fernán González
con esta apelación a las tropas que uno no puede dejar
de referir a los tiempos del monje-poeta:

> Esforçad, castellanos, non ayades pavor,
> vençremos los poderes del rey Almozor,
> sacaremos Castiella de premia e d'error:
> él será vençido, yo seré el vençedor. (222)

> Amigos, d'una cosa so *yo* bien sabidor,
> que vençremos sin duda al moro Almozor,
> de todos los d'España faredes m*e* el mejor,
> será grand la mi onra e la vuestra mayor. (224)

Estos versos, cuyo tema reaparece en el resto del
poema, resumen perfectamente lo que el monje de
Arlanza se había propuesto hacer al trazar la bio-
grafía heroica de Fernán González: derrotar a los
moros y conseguir la independencia de los leo-
neses.

Si el monje-poeta se muestra implacable con los «canes» (162d) que destruyeron el hogar de los godos y acabaron con los que habían sido «luz e estrella de todo el cristianismo» (23b), no menos intransigente se nos presenta cuando se trata de confrontarse con los cristianos que se oponían a la independencia de Castilla. Pone así en boca del conde una larga oración narrativa, en la que éste invoca a Dios su ayuda para liberar a Castilla de la misma forma que lo hizo al tener que enfrentarse con Almanzor:

> Señor, esta merçed te querría pedir,
> seyendo tu vassallo, non me queras fallir;
> Señor, contigo cuedo atanto conquerir,
> por que haya Castiella de premia a salir. (190)

Y cuando el héroe castellano sufre un grave revés, cayendo prisionero de los navarros, el monje, por boca de su personaje, se rebela contra el cielo quejándose amargamente de Dios y lanzándole este irreverente desafío:

dixo: «Señor del mundo, ¿por qué me has fallido? (601d)

> Si fuesses en la tierra, serías de mi rebtado;
> nunca fiz por qué fuesse de ti desanparado,
> morré de mala *gui*sa como om*n*e de mal fado:
> si yo pesar te fize, bien deves ser vengado.» (603)

En otras palabras, para el monje arlantino por encima de la sumisión a la voluntad divina está la realización de un ideal político, el de la independencia de la patria castellana. El orgullo del héroe ha sido herido de tal manera que, a pesar de la predicción del monje Pelayo de que sería apresado, le resulta difícil aceptar que Dios permita que un santo cruzado pueda caer en manos de sus enemigos, aunque éstos sean también cristianos; por eso nos dirá que antes se matará que permitir ser capturado:

De mí mismo vos digo lo que cuedo fazer:
nin preso nin cabtivo non me dexaré ser,
maguer ellos a vida me qui*si*eran prender,
matar me *he* yo ante*s* que sea en su poder. (447)

Y cuando la predicción se verifica y el héroe cae prisionero, el poeta, como corrigiendo al destino, nos dice que la prisión del conde pesó al mismo Dios y que, como señal divina de desaprobación, el altar de la iglesia donde fue capturado, milagrosamente se rajó de arriba abajo. Hasta ahí llega su fanatismo político-religioso:

A salva fe jurando dio se les a presión,
pesó muy mucho a Dios fecho *tan* sin razón,
oyeron voz e*n* grito, como voz de pavón,
partió se el altar de somo fasta fondón.
Assí está oy en día la iglesia par*t*ida,
por que fue *a*tal cosa en ella conteçida;
bien cuido que durará fasta la fin conplida,
ca non fue atal cosa que sea ascondida. (599-600)

Tal es el temple político y el perfil moral de este monje-poeta, el cual evidentemente está usando la figura literaria de Fernán González para lanzar sus ideales de reconquista tanto del país, contra los moros, como de Castilla, contra los navarros y los leoneses.

3. *Técnica poética y tema de la obra*

Siendo el PFG contemporáneo de Berceo y del *Libro de Alexandre* y habiendo sido compuesto según el criterio de las últimas novedades de la técnica poética difundida en los estudios generales de las escuelas catedralicias y monásticas, habrá que pensar, con Menéndez Pidal, que la obra fue redactada en verso perfectamente regular, es decir, el típico del

mester de clerecía: versos de catorce sílabas con una
cesura después de la séptima y rima consonante. Sin
embargo, ya sea por la mala transmisión del texto, ya
sea, como veremos enseguida, por otros motivos, el
hecho es que la proporción de versos «irregulares» es
muy elevada. El manuscrito conservado muestra una
versificación anisosilábica con dísticos, bastantes
quintillas, alguna sextina (512, 592-593, 681) y al-
gunas otras irregularidades; por eso muchos críticos
estiman que su versificación es «irregular» [38].

¿Cómo puede explicarse este estado de, por así
decir, sostenida irregularidad en una composición
que por su misma naturaleza habría nacido como un
experimento en «sílabas cuntadas, ca es gran maes-
tría», según presume el autor del *Libro de Alexandre*
(estr. 2)? Para aclarar esta aparente contradicción,
creo que conviene recordar una vez más la observa-
ción de Menéndez Pidal, según el cual las estrofas
faltas de versos hacen perfecto sentido y no parecen
olvido disparatado del copista, sino supresión prác-
tica (por ejemplo: 215, 223, 421, 582, etc.). Pero lo
más interesante es que en las estrofas en las que se
añade algún verso, éste, además de ser anisosilábico,
no es consonante de los otros, al uso de clerecía, sino
asonante a la manera juglaresca (435, 681). Es más,
y seguimos todavía a don Ramón, algunas veces se
forman conjuntos de catorce versos monorrimos (de

----

[38]   Así, F. Hanssen, «Sobre el metro del *Poema de Fernán
González*», *Anales de la Universidad de Chile,* CXV (1904), pá-
ginas 63-89; sin embargo, H. H. Arnold en numerosos trabajos ha
vuelto a sostener la regularidad: «Sinalepha in Old Spanish
Poetry: Berceo», y «A Reconsideration of the Metrical Form of
El Libro de Apolonio», HR, IV (1936), págs. 141-158, y VI (1938),
págs. 46-56; «Notes on the Versification of *El Libro de Alexan-
dre»*, *Hispania,* XIX (1936), págs. 245-254; finalmente, Henrí-
quez Uraña ha aceptado ambas posiciones: la de la irregularidad
y la del octosilabismo, *La versificación irregular en la poesía
castellana,* Madrid, *RFE,* 1930, págs. 7-19.

234 a 236), de diez, de nueve (435-436), o de sie-
te, o de doce como series asonantadas juglarescas
(235-236, 271-273, 283-284).

Esta «irregularidad» métrica, dentro de un sistema
rígido de versificación, como fue el de clerecía,
puede tener sólo una explicación y es que el manus-
crito, del siglo XV, que contiene el poema, representa,
como dijo don Ramón, «un texto refundido por efecto
de la recitación juglaresca» [39]. Dicha refundición ha-
bría empezado ya en el siglo XIII, habiendo hecho uso
de ella los compiladores de la *Primera Crónica Ge-
neral* en 1289, donde aparece ya una tira de siete
versos en *-or* (397-398) y en el siglo XIV los de la
Crónica de 1344. Así pues, este producto «puro»
(«mester es sen pecado») del culto mester de clerecía
tampoco quedó exento de las adulteraciones, las ar-
bitrariedades y los caprichos de los juglares.

Si el PFG, como insinuamos más arriba, está con-
cebido estructuralmente a la manera de una hagio-
grafía del héroe [40] —al conde se le compara a un
«ángel de Dios» (532b) y a los cruzados castellanos
(511a) que caen en la lucha se les describe como a
santos mártires (536)—, cuando se lo somete a un
análisis más detallado, se observa que tanto la ma-
croestructura de la obra como la microestructura de
cada una de sus partes y aun de los episodios menores
están tramadas con el criterio de la obra tripartita o
ternaria, típica de las obras cultas del siglo XIII.

___

[39] *Reliquias,* pág. 173.
[40] Entre los diversos elementos narrativos de toda hagiografía
podemos identificar en el *Poema* los siguientes: nacimiento mis-
terioso, educación en lugar apartado y por un viejo sabio (caba-
llero o carbonero, no importa), contacto con el sobrenatural antes
de empezar su vida pública (monje Pelayo), oraciones y recurso
a la divinidad en los momentos difíciles de su carrera, participa-
ción activa de lo alto en sus empresas (Santiago y San Millán en
la batalla de Hacinas), gloria en este mundo y recompensa en el
otro para el héroe y sus partidarios (est. 556).

Temáticamente, el poema se divide en tres partes principales: la primera (1-158), está concebida a manera de introducción histórica en la que se expone un amplio panorama de la «caída» y la «redención» de España y se desarrolla en tres instantes temporales: imperio visigodo, invasión árabe, monarquía asturcastellana. Cada uno de estos instantes tiene a su vez tres episodios, por ejemplo: la pérdida de España se llevó a cabo tras una traición (42-70), una derrota (70-88) y la destrucción del reino (89-101), y así sucesivamente. La segunda parte (159-570) y la tercera (571 hasta el final) constituyen el tema central de la obra: cruzada contra el Islam («Da me, Señor, esfuerço, seso e buen sentido, / que yo tome venganza del pueblo descreído, / e cobren castellanos algo de lo perdido, / e te tengas de mí en algo por servido», 186), e independencia de Castilla («Señor, contigo cuedo atanto conquerir, / por que haya Castiella de premia a salir», 190c-d). Ambos temas están encarnados en las hazañas de Fernán González y proyectados en tres instantes históricos de la vida del héroe: luchas con los árabes (cruzada), con Navarra (primacía) y con León (independencia). Y de nuevo, en cada uno de estos instantes aparece la estructura ternaria: el héroe tiene tres adversarios, usa tres tácticas para derrotarlos, lucha en tres batallas con los moros y en otras tres con los cristianos [41]. Naturalmente, como en toda obra culta, esta materia poética no siempre está ordenada de una manera lineal, sino que está entretejida de apartes, oraciones narrativas y digresiones; por ejemplo, el tema de la primacía de Castilla está tratado a manera de digresión dentro del

---

[41] Sobre la estructura tripartita, véase J. P. Keller, «The Structure of the *Poema de Fernán González*», *HR,* XXV, (1957), páginas 235-246; por el contrario, J. Gimeno Casalduero, «La composición del *Poema de Fernán González*», *AEM,* V (1968), páginas 181-206, no le atribuye gran importancia.

amplio apartado de las dos batallas contra Almanzor (Lara y Hacinas) en las estrofas 285-383.

Hay otro aspecto de esta obra, que tanto refleja las novedades literarias de su época, que ha sido poco puesto de relieve por los estudiosos; me refiero al uso de un nuevo recurso literario: la tipología. Desarrollada en las escuelas catedralicias del siglo XIII con miras a la exégesis bíblica, fue también aplicada a la literatura profana. Así, Fernán González es no sólo el héroe que consiguió la independencia de Castilla, sino que es también el *tipo* (figura) perfecto del guerrero cristiano. Con ocasión de la primera victoria, el monje-poeta nos lo dice claramente.

> Por non vos detener en otras ledanías,
> fue Almozor vençido *con* sus cavallerías,
> allí fue demostrado el poder del Mexías,
> el conde fue *David* e Almozor Golías (271).

En cierta medida, el héroe es el nuevo Cristo (de él se afirma, con inexplicable paralelismo, por ejemplo, «ca tenía grand lançada por el diestro costado», 321b), enviado para redimir a España del dominio del «pecado» y del «demonio» [42]. Por su parte, el enemigo del héroe y de la cristiandad peninsular está tipificado en la figura de Almanzor al que, históricamente, Fernán González no conoció, pero a quien la historiografía cristiana pintó siempre como el guerrero musulmán por antonomasia, el enemigo al que hay que abatir. Creo que es desde esta perspectiva del uso de la tipología desde donde debe entenderse e interpretarse la versión histórica propia del poeta con la que se abre la obra; de lo contrario, se continuará

---

[42] La misma personificación del «pecado» o del «demonio» (bajo los distintos adjetivos) a lo largo de toda la obra probablemente tiene que ver con el influjo de la hermenéutica bíblica con la cual el autor muestra una gran familiaridad.

juzgándola como hasta ahora, es decir, como una
monstruosidad literaria (la cabeza de hombre en
cuerpo de caballo de la *Poética* de Horacio). Hay que
pensar que el poeta escribe, o, mejor dicho, reescribe
la historia de la reconquista cristiana, sirviéndose de
la figura histórica de Fernán González. Y lo hace en
términos de la teología de la historia que él quiere
inculcar: pecado y redención. España se perdió por el
pecado de don Rodrigo y fue redimida gracias a la fe
que siempre se conservó en Castilla y a las virtudes
heroicas de Fernán González. Pero el uso del método
tipológico, probablemente, le llevó al monje mucho
más allá. En su intento de reescribir la historia de la
reconquista, según su talante y mentalidad, el arlan-
tino nos presenta a su héroe bajo una determinada luz
que nada, o muy poco, tiene que ver con la realidad
histórica de la época de Fernán González (siglo X) y
mucho, por el contrario, con la época que le toca a él
vivir (siglo XIII). Fernán González, guerrero cruzado
del siglo X, también es *tipo* de Fernando III, *el Santo,*
el héroe-rey cristiano que reconquistó la patria «de
mar a mar».

4. *Un poema en tres partes*

Parte primera.   El poema se abre con la típica
invocación a la Trinidad, tópico retórico obligado de
la obra de clerecía, e inmediatamente se enuncia el
tema: «del conde de Castiella quiero fer una prosa»
(1d). El hábil poeta enseguida lleva el tema de la obra
hasta la realidad del presente: «cómo cobró la tierra
toda de mar a mar» (2d), cosa que, como acabamos de
decir, no aconteció más que en sus días con la con-
quista de Cartagena en 1243 y Alicante en 1248 por
Fernando III. Resulta evidente que el objetivo im-
plícito es presentar a su protagonista como modelo de
cruzado cristiano en el que se encarnan todas las
virtudes de la reconquista. De la estrofa 3 hasta la 144

el poeta no hará más que resumir la historia de la lucha cristiana desde que «nuestros antecesores» (3b), por culpa del pecado de don Rodrigo, perdieron la tierra «fata que todos fueron al conde don Fernando» (5d). Empieza, pues, hablando de la fidelidad de los españoles a la ley de Cristo (9-13), para después pasar a contarnos la historia de la venida de los godos a España (14-20) y su conversión al cristianismo (20-22). Sin embargo, para que el oyente no se distraiga con la historia y se olvide de qué va el tema, el poeta empalma la siguiente estrofa:

> Rescibieron los godos el agua a bautismo,
> fueron luz e estrella de todo el cristianismo,
> alçaron cristiandat, baxaron paganismo,
> el cond Ferrán Gonçález fizo aquesto mismo. (23)

Sigue una larga sección sobre los reyes godos, empezando con «don Cindus» (Recesvinto), «un buen guerreador» (26a), Vamba, «muy ardid» (30b), al que los suyos mataron con hierbas: «aquel que le dio la muerte no le falesca rencura» (30d); Egica, «que fue malo probado» (33d); Witiza, «omne de gran esfuerzo» (34d). Así llega a don Rodrigo, «buen guerreador» (36b), cuya sola mención provoca en el ánimo del poeta todo un recuerdo nostálgico de una edad dorada («Era estonce España toda d'una creençia», 37a), que por culpa del pecado del rey y de la traición del conde don Illán se provocó la gran ruina: «esto fue el escomienço de España perder» (41d). El poeta, aunque le sangre el corazón, cuenta con gran detalle la traición y la imposición por parte del rey del desarme total del reino (42-67). Los «paganos» de África, que «contra los de Oropa despechosos estavan» (73b) aprovecharon la pacificación e invadieron España, pero «Era la cosa puesta e de Dios otorgada / que serién los de España metidos a espada» (80a-b), y, así, nos dice como fiel creyente en la providencia divina, no se podía hacer nada. De toda esta ruina se salvaron sólo Castilla la Vieja y Asturias (87-88); el resto de la población fue víctima del terror invasor.

El poeta, al llegar a este punto, echa mano de la psicología para alarmar al público del siglo XIII, contando lo que se decía por las calles y plazas del siglo VIII, es decir, que los moros capturaban a los cristianos y los cocían y asaban para comérselos; alguien afirmaba haberlo visto. El resultado era, nos dice, que muchos, enloquecidos por el terror, vagaban por los campos, morían de hambre en los caminos o, desesperados, mataban a sus madres para arrancar el pan a los pequeñuelos (91-97). En su ímpetu inicial, los moros llegaron hasta Tours (101d) y, entre otras vejaciones, impusieron a los cristianos un tributo anual de cien doncellas (104). Al llegar aquí, el monje invoca la intercesión divina en una bien conocida oración narrativa (105c-113d), ya clásica en las letras medievales (*Cantar de mio Cid,* Berceo, *Libro de buen amor,* entre otros textos). Un ángel, nos dice, aconsejó a los cristianos que buscasen a Pelayo en las montañas de Asturias; el conde, muy contra su voluntad, como los antiguos héroes bíblicos, asume el mando de la reconquista (115-121). A Pelayo le siguió su hijo Fávila, «que fue muy mal varón» (122b), y a éste don Alfonso I, «una lanza dudada» (123c), Favia (Fruela I), «que fue malo provado» (125c), y Alfonso II *el Casto,* «un rey de gran valor» (126a), «éste fizo la iglesia que s'diz San Salvador» (126d).

Aquí, podemos decir, termina en sentido estricto «la introducción histórica» de la cual tanto se ha hablado como anomalía literaria en una obra esencialmente de ficción. Pero es que, si nos fijamos atentamente, de historia, esta introducción tiene sólo las apariencias. El autor va escogiendo con gran cuidado sus protagonistas con el fin de exponer su ideología e inculcar un mensaje. Por ejemplo, acerca de los reyes cuyos nombres menciona, incluyendo a don Rodrigo (del cual, por supuesto, nunca se nos dice cuál fue su «pecado», mientras, en cambio, se descarga la culpa de la pérdida de España sobre el traidor don Illán y los vitizanos), o son héroes «cruzados» o son «malos» que afortunadamente acabaron pronto sus días; pero se ha dejado a sabiendas sin mencionar a muchos otros (por ejemplo, entre Fruela y Alfonso II *el Casto* hubo otros cuatro reyes), a los que desconoce a sabiendas, porque, a su modo de ver, fueron débiles con el enemigo o pactaron acuerdos pacifistas que al autor desagradan.

Antes de concluir la introducción, el monje-poeta quiere también manifestar su opinión sobre el asunto de la intervención extranjera en la reconquista de España. Los nacionalistas castellanos conocían bien las fanfarronadas de las crónicas carolingias y de la épica francesa sobre las supuestas conquistas de Carlomagno en España: basta recordar, por ejemplo, la vitriólica diatriba de otro monje castellano-leonés, autor de la *Crónica silense,* contra cronistas y juglares francos: «fuera de Dios Padre, no se sabe que nadie de las demás naciones cristianas haya ayudado jamás a los españoles a expulsar a los musulmanes; y los que lo afirman son unos mentirosos». También al monje arlantino le molesta semejante actitud; pero no pierde tiempo en rebatirla directamente, sino que la echa por tierra contándonos la historia de Bernardo del Carpio (127-144) con apoyo en dos fuentes cultas, el *Chronicon mundi* de Lucas de Túy (1243) y la pseudo-*Historia Turpini* contenida en el *Codex Calixtinus* (a la cual se hace alusión como «la *escritura*», 134b), que, sin embargo, retoca según sus gustos y propósitos. El primer retoque aparece ya en el tratamiento del tema: Bernardo del Carpio fue el héroe leonés que se rebeló contra su rey Alfonso por haber éste aceptado el señorío de Carlomagno y pagado el tributo de sumisión al rey franco. Aunque en el PFG

se insinúa este aspecto (128-129), a Bernardo nunca
se le presenta como rebelde a su rey, sino más bien
como defensor de la integridad del reino (133c-d). El
segundo retoque tiene que ver, a pesar del anacro-
nismo, con la identificación de España con Castilla
(142-144); el poeta sabe perfectamente que en el 778,
fecha de la batalla de Bernardo contra Carlomagno,
Castilla no existía como entidad política. Y final-
mente, el monje arlantino, como promotor de la re-
conquista y de los valores cristianos, no podía pre-
sentar a un rey musulmán, Marsil, al cual en la ficción
poética recurría Bernardo para que le ayudara contra
Carlomagno (142b), como vencedor de un rey cris-
tiano, aunque fuese franco; por tanto, convierte a
Bernardo del Carpio en el único vencedor en Ron-
cesvalles:

> Tovo la delantera Bernaldo essa vez,
> con gentes españones, ¡gentes de muy gran*d* prez;
> vençieron essas oras a françeses refez,
> *bien* fue essa más negra que la primera vez. (144)

Termina la primera parte de la obra con otra nota
de tono patriotero: España, y concretamente Castilla,
es lo mejor. El elogio de España como tópico literario
era ya bien conocido, desde San Isidoro, entre los
escritores cultos. Pero el monje de Arlanza, una vez
más, usa el tema añadiendo como nota particular la
conexión de las grandezas de España, cantadas en el
elogio, con las peculiares de Castilla. Si los que mo-
ran en España, por ejemplo, son «omnes sesudos» y
herederos de la «mesura» (156c), los castellanos, es-
pecialmente los habitantes de Castilla la Vieja, son
además los grandes protagonistas del heroísmo cris-
tiano, porque fueron su «cimiento», «ca conquirieron
mucho maguer poco convento» (158b-c).

Parte segunda. Estructurada también en tres
partes, esta segunda se abre con una breve introduc-

ción «histórica» sobre los primeros jueces de Castilla, en la que el poeta trata de poner de relieve la ascendencia grandiosa de su héroe. Como el «buen Cid Campeador» (165d) que descendía de uno de esos jueces, Nuño Rasura, así también Fernán González, «cuerpo de grand valor» (170d), descendía de otro no menos noble, Laín Calvo. Cuando nació el héroe, Castilla era «un pequeño rincón» (171a), pero bajo su guía los «Varones castellanos... de una alcaldía pobre fiziéronla condado, / tornáronla después cabeça de reinado» (173c-d). El resto del poema es la ilustración de cómo se llevó a cabo este proyecto político; contándonos, primero, cómo:

> El conde don Fernando con muy poca conpaña,
> —en contar lo que fizo semejaría fazaña—
> mantovo siempre guerra con los reyes d' España,
> non dava más por ellos que por una castaña. (176)

Se narra a continuación la infancia y educación del conde bajo la guía de un «carbonero». Extraño maestro para quien iba a ser el guerrero cristiano por antonomasia; pero no debemos olvidar que el *leitmotiv* de la obra es la hagiografía y los santos frecuentemente pasaban su infancia y adolescencia apartados en desiertos o bosques bajo la vigilancia de ocultos y misteriosos maestros. Cuando el joven Fernán González sale de la «cavaña» como «oso bravo por vivir en montañas» (181b), la primera petición que hace a Dios, según su hagiógrafo, es la siguiente:

> Señor, esta merçed te querría pedir,
> seyendo tu vassallo, no me queras fallir;
> Señor, contigo cuedo atanto conquerir,
> por que haya Castiella de premia a salir.» (190)

Inmediatamente siguen las dos primeras batallas: Carazo y Hacinas. Ésta ocupa una extensión mucho

mayor porque en medio de su narración se intercala
la leyenda del monasterio de Arlanza que el héroe
descubre casualmente al ir persiguiendo a un puerco;
se trata de otro conocido tópico del folclore hagio-
gráfico. En la ermita secreta descubre al monje Pe-
layo, el cual le profetiza las muchas dificultades que
va a encontrar y la victoria final. Fernán González,
para agraciarse los favores divinos, promete al monje
y a su pobre lugar el quinto del botín y, cuando muera,
sus restos. El héroe cruzado, tras este encuentro so-
brenatural, regresa, como Moisés después de recibir
las Tablas, a su hueste, a la que encuentra desmayada
y llorosa. Al día siguiente empieza la batalla de Lara
contra los moros, en la que Fernán González consigue
una gran victoria. El poeta nos dice entusiasmado:

> Por non vos detener en otras ledanías,
> fue Almozor vençido con sus cavallerías,
> allí fue demostrado el poder del Mexías,
> el conde fue *David* e Almozor Golías. (271)

Creo que está claro. Fernán González es el elegido de
Dios, como lo fue David. El poeta, como decíamos,
está usando la tipología bíblica para sacar sus con-
clusiones, por si acaso el lector, o el oyente, no lo
hubiese entendido. A la victoria sigue la presentación
del botín al monasterio, asunto que el monje, propa-
gandista de su casa, no puede olvidar de mencionar.
Entre los distintos dones que el héroe entregó al mo-
nasterio se encuentran dos arquetas de marfil «muy
preçiadas», que «están oy día en su altar asentadas»
(279). Después, Fernán González y «todos los cru-
zados» van a descansar a Burgos.

   Mientras Fernán González luchaba contra los mo-
ros, he aquí que al rey de Navarra se le ocurre hacer
una expedición a Castilla para robar y saquear las
tierras del conde; cuando éste se entera, desafía al
navarro, que, a su vez, le amenaza con la guerra. Se

decide por el conflicto armado, que tiene lugar en la
Era Degollada. Allí perece el rey de Navarra y Fernán
González es gravemente herido (282-330). Al ente-
rarse el conde de Tolosa de la muerte de su pariente,
se presenta en Castilla para vengarlo. Los castellanos
de Fernán González, cansados ya de tanta guerra,
prefieren llegar a un acuerdo, pero el héroe replica al
delegado del ejército con el bien conocido pasaje en
el que se mencionan los grandes héroes épicos que se
han hecho célebres por su valor y no por pactar con
el enemigo. Con excepción de Alejandro, David y
Judas Macabeo, todos los demás nombres proceden
de la épica francesa, y concretamente, de la *Chanson
de Roland* (355-356). Se inicia la batalla y Fernán
González mata al conde de Tolosa; pero el poeta sabe
que la víctima es un cristiano al que su héroe modelo,
en el fondo, debe respetar; de ahí el esmero en des-
cribirnos cómo Fernán González con sus propias
manos amortaja con ricos paños al conde y lo hace
llevar por sus propios vasallos, a los que pone en li-
bertad, a su patria de Tolosa (374-383).

Tras el intermedio, o digresión navarro-tolosana,
vuelve el poeta su atención, de nuevo, sobre los moros
y la batalla de Hacinas. El conde castellano, una vez
más, va a pedir auxilio y consejo al monje Pelayo
visitándolo en su ermita; pero el buen monje había ya
muerto. El conde recurre a la oración; durante la
plegaria se queda dormido y en el sueño se le aparece
Pelayo que le profetiza su nueva victoria y además le
anuncia que esta vez estarán junto a él, además del
mismo Pelayo, el apóstol Santiago y «Otros vernán
í muchos como en visión / en blancas armaduras
ángeles de Dios son, / traerá cada uno la cruz en su
pendón, / moros, cuando nos vieren perdrán el
coraçón» (412). El conde se despierta y una gran voz
le dice que se levante rápidamente, mientras le ex-
plica la estrategia que tendrá que usar en la próxima
batalla. La voz era de San Millán. Sigue un largo de-

bate con sus decaídos soldados y la arenga de Fernán González (417-447); se explica el orden del ejército y su disposición de batalla (el «dénombrement épique») (451-465) y se describe un prodigio espantoso: el de la serpiente de fuego. El poeta-monje toma la ocasión para darnos una lección sobre la magia de los moros, obra del diablo, y el poder divino (469-484). El pasaje no deja de tener sus semejanzas estructurales con el episodio del león en el *Cantar de mio Cid* donde también el héroe, como aquí, dormía profundamente mientras los condes de Carrión, cobardes, como los soldados de Fernán González, aterrorizados, se escondían en las letrinas. El Cid se despierta, coge al león por la melena y lo encierra en la jaula. En el PFG el héroe castellano dice a los suyos:

> Algún moro astroso que sabe encantar,
> fizo aquel diablo en sierpe figurar,
> por amor que podiesse a vos *mal* espantar,
> con este tal engaño cuida*n*do vos torvar.
> Como sodes sesudos bien podedes saber
> qu*e* él non ha poder de mal a nos fazer,
> ca *tolló* le *don* Cristo el su fuerte poder,
> veades que son locos los quél quieren creer. (480-481)

Al día siguiente, muy de mañana, empieza la batalla que dura tres días. Cuando las suertes iban ya muy mal para el conde y sus guerreros, he aquí que aparecen en el campo de batalla Santiago con «grand conpaña»; a los moros de Almanzor no les queda más remedio que huir (486-564). Los cristianos que han perecido en el combate, como nuevos mártires, son llevados a enterrar al monasterio de Arlanza donde Fernán González, una vez más, repite que también él quiere ser sepultado (566-570).

Parte tercera. También esta parte, como las dos anteriores, se abre con una breve introducción

(571-581) en la que se anuncia el tema: «Señor Dios de los çielos, quiérasme ayudar, / que yo pueda a Castiella desta premia sacar» (572c-d). El rey de León convoca unas cortes y ordena a Fernán González que se presente; éste acude sólo porque lo manda el rey, pero el monje no deja de decirnos que se presenta allí «con grand pesar» porque «era muy fiera cosa de la mano le besar» (572a-b), es decir, someterse. Es también durante estas cortes leonesas cuando el rey se enamora del caballo y del azor del conde y se los compra. El tema de la leyenda de la independencia de Castilla, basado en una leyenda goda de que habla Jordanes, es así usado como artificio retórico y pretexto moral. El monje arlantino se sirve de la ficción para ocultar la rebeldía de Fernán González contra su rey y decirnos que consiguió la independencia comprándola por el precio del caballo y el azor:

> Assaz avía el rey buen cavallo conprado,
> mas salió a tres años muy caro el mercado,
> con el aver de Françia nunca sería pagado,
> por í perdió el rey Castiella su condado. (581)

Siguiendo, pues, la pauta de la ficción novelesca —que aquí, al igual que en el *Cantar de mio Cid,* caracteriza a esta tercera parte, como artificio retórico para ocultar una verdadera historia de rebeldía—, el poeta nos presenta la prisión del conde en Cirueña, víctima de una trampa tendida por el rey de Navarra durante unas vistas (586-610). El encarcelamiento del conde le lleva a tal grado de frustración y de desesperación, que el poeta, como ya vimos, reacciona de una forma casi blasfema y, desde luego, irrespetuosa, para un hombre de iglesia, haciéndole decir a su héroe: «Señor del mundo, ¿por qué me has fallido? / Si fuesses en la tierra, serías de mí rebtado; / nunca fiz por qué fuesse de ti desamparado» (601d,

603a-b). Síguese también la reacción violenta de las tropas castellanas contra el injusto tratamiento del conde:

> Somos los castellanos contra Dios en gran*d* saña,
> porque nos quiere dar esta premia atamaña,
> caímos en la ira de todos los d'España,
> tornada es Casti*e*lla una pobre cabaña.
> A otro non sabemos nuestra coita dezir,
> si no*n* al Criador que nos deve oir, (609, 610a-b)

Un conde lombardo que pasa por Castroviejo camino de Santiago pide al rey que le conceda visitar al prisionero. El lombardo convence a una princesa, hermana del rey, de que tiene que ayudar al encarcelado porque es la única esperanza cristiana contra los moros. Doña Sancha, que así se llamaba la princesa, se declara dispuesta a hacerlo pero a condición de que el conde castellano se case con ella (621-642); el conde acepta y la infanta carga con él y se lo lleva por montes y valles (643-644). Mientras están escondidos en un bosque para pasar la noche, llega un arcipreste cazador y le propone a Fernán González: «Conde, si vos queredes que sea en poridat, / dexadme con la dueña conplir mi voluntat» (650c-d). El castellano se niega a aceptar tan vil condición pero la infanta le convence y se aparta con el arcipreste; cuando éste se dispone a abrazarla, ella lo mata (651-657).

Mientras el conde pasa sus días en la prisión de Castroviejo o huyendo por los montes, sus partidarios en Castilla esculpen su imagen «en piedra dura» y le prestan homenaje; después la instalan en un carro y se ponen camino de Navarra dispuestos a conseguir la liberación de su señor o morir por él (659-671); en el camino se encuentran con los dos fugitivos, el conde y la infanta. Llenos de gozo, los acompañan a Burgos y allí se celebran las bodas con gran recogijo de todos (672-691).

El rey de Navarra ataca Castilla y cae prisionero de Fernán González; pero su esposa, y hermana del rey, consigue ponerlo en libertad. Al llegar a este punto, el manuscrito del Escorial tiene una gran laguna de aproximadamente unas quince estrofas, cuyo contenido podemos reconstruir por la prosificación en la *Primera Crónica General*. El manuscrito continúa con la algarada del rey de Córdoba en Tierra de Campos y la puesta en fuga de los moros por la intervención de Fernán González (719-730). A los leoneses les molesta que el conde castellano se entrometa en sus tierras, pero el héroe no se amedrenta, sino que por el contrario vuelve a pedir al rey que le pague el precio convenido por el caballo y el azor *(leitmotiv* de esta tercera parte). Mientras Fernán González está en su disputa con León, el rey de Navarra vuelve a atacar a Castilla para vengarse de la afrenta anterior saqueando las tierras del conde. Fernán González regresa a Castilla y se encuentra con el navarro, al que derrota en Valpirre.

> Quiso Dios al buen conde esta graçia fazer,
> que moros nin cristianos non le podían vençer.
> vençido fue Garçía con todo su poder. (758)

Con estas palabras termina el poema en el único manuscrito conservado. Pero la prosificación en la *Primera Crónica General* sigue narrando la convocatoria de las cortes en León, durante las cuales el conde castellano fue de nuevo encarcelado (cap. 711) y su liberación por la condesa Sancha que le prestó sus paños (cap. 718). Finalmente, el castellano vuelve a pedir al rey de León el pago de la deuda; éste, ante la imposibilidad de hacerlo con dinero, le paga concediéndole el condado de Castilla (cap. 720).

BIBLIOGRAFÍA

Ediciones:

*Leyendas del conde don Fernando de Castilla, cono-
cidas con el nombre del Poema del conde Fernán
González,* ed. F. Janer, «Biblioteca de Autores
Españoles», vol. LVII: *Poetas castellanos ante-
riores al siglo XV,* Madrid, 1864, págs. 389-411.
*Poema de Fernán González. Texto crítico con intro-
ducción, notas y glosario,* ed. C. Carroll Marden,
Baltimore, The John Hopkins University Press,
1904.
Poema de Fernán González. Edición, introducción y
notas de A. Zamora Vicente, Madrid, Espasa-Cal-
pe, CC, 128, 1946.
Poema de Fernán González, ed. R. Menéndez Pidal,
Reliquias de la poesía épica española, Madrid,
1951, 2.ª ed. D. Catalán, Madrid, Gredos, 1980,
págs. 34-156.
Poema de Fernán González, ed. crítica de E. Polidori,
Tarento, 1961.
Poema de Fernán González, ed. de Juan Victorio,
Madrid, Cátedra, 1981.
Historia del conde Fernán González, a facsimile and
paleographic edition with commentary and con-
cordance by John S. Geary, Madison, Hispanic
Seminary of Medieval Studies, 1987.

ESTUDIOS:

AVALLE-ARCE, J. B.: «El *Poema de Fernán Gonzá-*
lez: clerecía y juglaría», *Philological Quarterly,*
LI (1972), págs. 60-73; y en *Temas hispánicos*
medievales. Literatura e historia, Madrid, Gredos,
1974, págs. 64-82.

CIROT, GEORGE: «Sur le *Fernán González*», *Bulletin*
Hispanique, XXX (1928), págs. 113-146.

COTRAIT, RENÉ: *Histoire et poésie. Le comte Fernán*
González. Recherches sur la tradition gonzalienne
dans l'historiographie et la littérature des origines
au "Poema", tomo I: *La genèse de la légende de*
Fernán González, Grenoble, Imprimerie Allier,
1977.

CHALON, LOUIS: *L'histoire et l'épopée castillane du*
Moyen Age, París, Honoré Champion, 1976.

ENTWISTLE, W. J.: «The Liberation of Castile»,
Modern Language Review, XIX (1924), pági-
nas 471-472.

GIMENO CASALDUERO, J.: «Sobre la composición del
Poema de Fernán González», *Anuario de Estudios*
Medievales, V (1986), págs. 181-206.

KELLER, J. P.: «The Structure of the *Poema de Fer-*
nán González», *Hispanic Review,* XXV (1957),
págs. 235-246.

KELLER, J. P.: «The Hunt and Prophecy Episode of
the *Poema de Fernán González*», *Hispanic Re-*
view, XXIII (1955), págs. 251-258.

LACARRA, M. E.: «El significado histórico del *Poema*
de Fernán González», *Studi Ispanici* (1979), pá-
ginas 9-41.

LIDA DE MALKIEL, M. R.: «Notas para el texto del
Alexandre y las fuentes del *Fernán González*»,
Revista de Filología Hispánica, VII (1945), pági-
nas 47-51.

MÁRQUEZ-STERLING, MANUEL: *Fernán González,*
First Count of Castile: The Man and the Legend,

Valencia, University of Mississippi, Romance Monographs, Inc., núm. 40, 1980.

MENÉNDEZ PELAYO, M: *Antología de poetas líricos castellanos,* tomo XI, Madrid, CSIC, 1944.

MENÉNDEZ PIDAL, R.: *Romancero tradicional (Romanceros de los condes de Castilla y de los infantes de Lara),* vol. II, Madrid, 1963.

MENÉNDEZ PIDAL, R.: «Reseña de la edición del *Poema de Fernán González* de C. C. Marden», *Archiv für das studium der neueren Sprachen,* XCIV (1905), págs. 243-257; y en *Reliquias,* páginas 170-173.

PÉREZ DE URBEL, Fr. J.: «Historia y leyenda en el *Poema de Fernán González»,* El Escorial, XIV (1944), págs. 319-352.

PÉREZ DE URBEL, Fr. J.: *El condado de Castilla,* II, Madrid, 1970.

PÉREZ DE URBEL, Fr. J.: «Glosas histórico-críticas al *Poema de Fernán González»,* Boletín de la Institución «Fernán González», XLVIII (1970), páginas 231-265.

PÉREZ DE URBEL, Fr. J.: *Fernán González. El héroe que hizo a Castilla,* Buenos Aires-México, Espasa-Calpe, 1952.

PITOLLET, C.: «Notes au *Poema de Fernán González»,* Bulletin Hispanique, IV, págs. 157-160.

SERRANO, L.: *El obispado de Burgos y Castilla primitiva. Desde el siglo V al XIII,* 3 vols., Madrid, Instituto de Valencia de don Juan, 1935-1936.

SIFFORD, DAVID: «National Sentiment in the *Poema de Fernán González* and in the *Poema de Alfonso Onceno»,* Hispanic Review, XVI (1948), páginas 61-68.

TERAY, HELEN V.: «The Treatment of the Horse and the Hawk Episode in the Literature of *Fernán González»,* Hispania, XIII (1930), páginas 497-504.

UBIETO ARTETA, A.: «Valoración de la épica en el contexto histórico español», *Príncipe de Viana*, XXX (1969), págs. 237-241.

VICTORIO MARTÍNEZ, J. J.: «Notas sobre *Fernán González*», en *Études de Philologie Romane et d'Histoire Littéraire offertes à Jules Horrent*, Lieja, 1980, págs. 503-508.

VICTORIO MARTÍNEZ, J. J.: «Nota sobre la épica medieval española: el motivo de la rebeldía», *Revue Belge de Philologie et d'Histoire*, L (1972), páginas 777-792.

WEST, B.: *Epic, Folk, and Christian traditions in the Poema de Fernán González*, Madrid, Studia Humanitatis, J. Porrua Turanzas, 1983.

NUESTRA EDICIÓN

El objetivo principal de la presente edición es ofrecer al lector un texto lo más completo y depurado que nos ha sido posible teniendo en cuenta la más reciente crítica textual sobre el POEMA DE FERNÁN GONZÁLEZ. El único manuscrito que conserva la obra, como ya se ha dicho, tiene varias lagunas y está plagado de errores; para obtener un texto fiable es, pues, imprescindible el uso de las crónicas donde otras copias del poema arlantino en mejor estado, o en distinto momento de redacción, fueron prosificadas. Todo este material poético y prosístico fue esmeradamente recogido, analizado y careado por numerosos críticos desde Carroll Marden (1904) hasta Ramón Menéndez Pidal (1951). La edición del POEMA publicada por Menéndez Pidal en sus *Reliquias de la poesía épica española* (Madrid, 1951) es, en muchos sentidos, definitiva (por lo menos hasta que no aparezca otro manuscrito) y, como se sabe, tiene ya su ilustre historia. Completada durante los años que precedieron a la guerra civil, como parte de un gran proyecto titulado *Epopeya y Romancero,* estaba en proceso de impresión en julio de 1936 cuando estalló la contienda nacional y tuvo que suspenderse por haber sido incendiado el edificio de la Editorial Hernando, en el

paseo de Rosales, tras un bombardeo. Los 14 folios
que habían sido impresos hasta aquella fecha fueron
a formar parte de la edición de 1951. En 1980, Diego
Catalán volvió a publicar en su forma original aque-
llos folios, como parte de su introducción a la segunda
edición de *Reliquias*. La edición de don Ramón va
acompañada de las prosificaciones que del POEMA se
hicieron en la *Primera Crónica General* y en la de
1344, así como de los demás textos cronísticos y
poéticos relativos a la leyenda de Fernán González.
Todo este material cronístico, sin embargo, pudiera
mejorarse mucho si el crítico tuviese a su alcance la
versión «vulgar» de la *Primera Crónica General,* la
cual, como ya sabía don Ramón, «es más fiel al len-
guaje del borrador, o sea al de las fuentes utiliza-
das, y, por tanto, es preferible, en general, para todo
intento de reconstrucción de un poema allí prosifi-
cado, aunque a veces pueda la versión "regia" haber
quedado más fiel»[43]. Desafortunadamente ese texto
todavía no lo tenemos.

Nuestra edición, por tanto, sigue muy de cerca la
de don Ramón publicada en *Reliquias*. A esta edición
hemos aportado ligeras correcciones y enmiendas
basándonos en una nueva lectura y cotejo del ma-
nuscrito y en las propuestas por los numerosos críti-
cos que se han ocupado de la obra en los últimos
cuarenta años. Lingüísticamente nuestro texto con-
serva escrupulosamente el crítico, pero, para ajus-
tarnos al objetivo de la colección, hemos introducido
algunas modalidades en ciertas grafías, más en con-
sonancia con la ortografía de hoy, con miras a regu-
larizar el texto y al mismo tiempo facilitar su lectura.

---

[43]   *Reliquias,* ed. 1951, pág. LV, y cfr. D. Catalán, 2.ª ed., pá-
ginas XXIII-XXVIII.

POEMA DE FERNÁN GONZÁLEZ

I. INTRODUCCIÓN HISTÓRICA Y ELOGIO DE CASTILLA

[Invocación.]

1   En el nombre del Padre que fizo toda cosa,
*de*l que quiso nasçer de la Virgen preçiosa,
e del Spiritu Santo que igual dell*os* posa,
del conde de Casti*e*lla quiero fer una prosa;
2   El Señor que crió la tierra e la mar;
él, que es buen maestro me deve demostrar
de las cosas passadas que yo pueda contar:
cómo cobró la tierra toda de mar a mar.

[Exposición.]

3   Contar vos he primero *en* cómo la perdieron
nuestros anteçessores, en cual coita visquieron,

   1c   *igual dellos posa:* que es igual que ellos, tiene el mismo poder.
   1d   *prosa:* narración, relato, aunque esté en verso.
   2d   *cobró:* recuperó, ganó. Sujeto impersonal: *cómo se cobró la tierra toda de mar a mar;* no puede referirse a Fernán González ya que Castilla llegó «de mar a mar» sólo en 1243 con la conquista de Cartagena, alusión que nos sirve para fechar el *Poema,* como ya dijimos más arriba (pág. 23).
   3b   *coita:* desgracia, desventura; *visquieron:* vivieron.

como omnes des*a*rrados fuidos andodieron;
essa rabia llevaron que *luego* non morieron.

4   Muchas coitas passaron nuestros anteçessores,
muchos malos espantos, muchos malos sabores,
sufr*ie*n frío e fanbre e muchos amarg*o*res;
estos viçios d'agora estonz eran dolores.

5   En tanto deste tienpo ir vos he *yo* contando
cómo fueron la tierra perdiendo e cobrando;
....
fasta que *todos* fueron al conde don Fernando;

6   Cómo es muy luenga desde el tienpo antigo,
cómo se dió la tierra al buen rey don Rodrigo,
cómo la ovo *a* ganar el mortal enemigo,
de grande honor que era tornó l'pobre mendigo.

7   Esto fizo Mafomat, el de la mala creençia,
....
ca predicó por su boca mucha mala sentençia.

8   Desque ovo Mafomat a todos predicados,
avían *l*as gentes los coraçones demudados,
....
e la muerte de Cristo avían la olvidado.

9   Desque los españones a Cristo conosçieron,
desque en la su ley bautismo resçibieron,
nunca en otra ley tornar *se non* quisieron,
mas por guarda d'aquesto muchos males sufrieron.

10   Esta ley de los santos que oyeron predicada,
por ella la su sangre *ovieron* derramada,
apóstoles e mártires, esta santa mesnada,
fueron por la verdat metidos a espada.

11   Fueron las santas virgines en este afirmamiento:

3d   *desarrados:* desamparados; en el Ms.: *deserdados:* deshe-
redados.
4d   *viçios:* placeres, diversiones.
8d   *Cristo:* el Ms. trae consistentemente *Cristus,* cultismo
eclesiástico.
11a   *afirmamiento:* firmeza, constancia.

de varón no quisieron ningun ayuntamiento,
de los viçios del mundo non ovieron talïento,
vençieron por aquesto al bestión mascariento.

12   Los primeros profetas esto profetizaron,
los santos confessores esta ley predicaron,
ca en los otros dioses verdat nunca fallaron,
san Juan lo afirmó cuando l'descabeçaron.

13   Muchos reyes e condes e muchas potestades,
papas e arçobispos, obispos e abades,
por esta ley murieron, esto bien lo creades,
por end han en los çielos todas sus heredades.

[Preliminares. Los godos y la cristiandad.]

14   Tornemos nos al curso, nuestra razón sigamos,
tornemos en España a do lo començamos,
como el escrito diz, nos assí lo fablamos,
en los reyes primeros que godos los llama*mos*.

15   Venieron estos godos de partes d'oriente,
Cristo los embió, esto sin fallimiente,
del linaje de Go*g* vino aquesta gente,
conquirieron el mundo, esto sin fallimiente.

16   Non fueron estos godos de comienço cristianos,
nin de judíos d'Egito, nin de ley de paganos;
antes fueron gentiles unos pueblos loçanos,
eran p*o*r en batalla pueblos muy venturados.

17   Toda tierra de Roma venieron la avastando,
a los unos prendiendo a los otros matando,
....

11c   *taliento:* gusto, placer, inclinación.
11d   *bestión mascariento:* es el demonio. En el *Libro de Apolonio* (h. 1240) se dice: «Mostrógelo el diablo, un bestión mascoriento» (14d).
12c   *ca:* porque.
14b   *do:* donde.
17a   *avastando:* devastando.

18   Passaron a España con *el* su gran*d* poder,
    ....
    era en este tienpo el papa Alexandrer.

19   Escogieron a España toda de mar a mar,
    nin villa nin casti*e*llo no s'les pudo amparar,
    Africa e Turonia ovieron por mandar,
    onbres fueron arteros, *Dios* los quiso guiar.

20   Fueron de Sancti Spiritus los godos espirados,
    los malos argumentos todos fueron fallados,
    conosçieron que eran los ídolos pecados,
    cuantos creían por ellos eran mal engañados.

21   Demandaron maestros p*or* fer se entender
    en la fe de don Crist*o* que avían de creer;
    los maestros, sèpades, fueron muy v*o*lunt*er,*
    fizieron *les* la fe toda bien entender.

22   Dixeron los maestros: «Tod esto non val nada,
    si bautizados non sodes en el agua sagrada,
    la cual culpa e error es erejía llamada;
    el alma de pecados será luego lavada.»

23   Rescibieron los godos el a*g*ua a bautismo,
    fueron luz e estrella de todo el cristianismo,
    alçaron cristiandat, baxaron paganismo,
    el cond Ferrán Gonçález fizo aquesto mismo.

[Últimos reyes godos.]

24   ....
    que fue muy leal miente de sus omnes servido;
    fueron de todo el mundo pueblo muy escojido,
    cuanto el mundo durare n*o*n ca*d*rán en olvido.

    17-18   Estas dos estrofas, como sugiere Diego Catalán *(Reli-quias,* 2.ª ed., pág. XXXVIII), probablemente eran una sola, que él reconstruye de la siguiente manera:
            Toda tierra de roma vinieronla avastando
            a los unos prendiendo a los otros matando,
            passaron a España con su poder *predando.*
            Era en este tiempo el papa *Aldebrando.*
    21c   *volunter:* de buena gana.

25   Cuando los reyes godos deste mundo passaron,
      fueron se a los çielos, grand reino eredaron;
      alçaron luego rey los pueblos que quedaron,
      como diz la escritura, don Çindus le llamaron:

26   Cuando reinó don Çindus, un buen guerreador,
      era san Eugenio d'españones pastor,
      en Toledo morava est santo confessor,
      Isidro en Sevilla arçobispo e señor.

27   Finó se el rey Çindus, un natural señor,
      a España e Africa ovo en su valor,
      dio les pastor muy bueno luego el Criador,
      rey Vamba vino luego que fue tal o mejor.

28   Vamba aqueste rey, como avedes oído,
      venía de los godos, pueblo muy escojido;
      por que él no reinasse andava ascondido;
      nombre se puso Vamba por non ser conosçido.

29   Buscando l' por España ovieron lo fallar,
      fizieron le por fuerça esse reino tomar,
      bien sabie que con yervas lo avían de matar,
      por tanto de su grado non quisiera reinar.

30   Rey fue muy derechero, e de muy grand natura,
      muy franc e muy ardit, e de muy grand mesura,
      leal e verdadero, e de muy grand ventura,
      aquel que l' dio la muerte no l' falesca rencura.

31   Partió todas las tierras, ayuntó los bispados,
      ....
      estableçidos fueron lugares señalados,
      como fuessen los términos a ellos sojuzgados.

25d   *Çindus:* Recesvinto.
26d   *Isidro:* San Isidoro, arzobispo de Sevilla († 636).
28-29   Se refiere a la leyenda de Wamba, según la cual se disfrazó de campesino porque no quería ser rey (cfr. *Crónica de 1344*).
30b   *ardit:* ardido, valiente.
30d   *no l' falesca rencura:* no le falte pena, aflicción, castigo.
31   Alude a la repartición de las diócesis hecha por Wamba. Cfr. *PCG,* cap. 527, y Vázquez de Parga, *La decisión de Wamba* (Madrid, 1943).

32   Fue toda *esta* cosa puesta en buen estado,
      pesava con su vida muy fuerte al pecado;
      dió l' yerbas e murió rey Vanba aponçoñado,
      en paraiso sea tan buen rey eredado.
33   Reinó después un rey, Egica fue llamado,
      dos años que non más visquió en el reinado,
      a cabo de dos años del si*e*glo fue sacado,
      non pesó al su pueblo que fue malo provado.
34   Luego finó Egica a poca de sazón,
      fincó en Vautiçanos toda la región,
      est niño de los godos, poderoso varón,
      omne de gran*d* esfuerço e de gran*d* coraçón.

[*Prosperidad del rey Rodrigo.*]

35   Finó se Vautiçanos, reinó rey don Rodrigo,
      avían en él los moros un mortal enemigo,
      era de los cristianos sombra e grand abrigo,
      por culpa *en* que era non le era Dios amigo.
36   Este fue d' allend mar de gran*d* part*e* señor,
      ganó los Montes Claros el buen guerreador,
      ....
      cómo perdió la tierra esto es gran*d* dolor.
37   Era entonçe España toda *d'* una creençia,
      al Fijo de la Virgen fazían *rever*ençia,
      pesava al diablo con tanta obediençia,
      non avía entre ellos envidia nin *entençia*.

32b   *pecado:* demonio.
33   A Wamba sucedió Ervigio, y Egica reinó diez años, no dos,
pero el poeta, como ya dijimos en la introducción, suprime y abrevia
los reinados de los reyes que él considera que fueron «malos».
34b   *Vautiçanos:* Witiza, o sus partidarios los vitizanos; *fincó:*
quedó.
35d   *por culpa en que era:* se refiere a la leyenda de las rela-
ciones ilícitas de don Rodrigo con la Caba, la hija del conde don
Julián, al cual se culpa de haber traído a los árabes invasores a
España (cfr. estrofa 42).
37d   *entençia:* disputa, contienda.

38 Estavan las iglesias todas bien ordenadas,
de olio e de çera estavan abastadas,
los diezmos e premiençias leal miente eran dadas,
e eran todas las gentes en la fe bien raigadas.

39 Vesquían de su lazerio todos los labradores,
las grandes potestades non eran rovadores,
guardavan bien sus pueblos com leales señores,
vesquían de su derecho los grandes e menores.

40 Estava la fazienda toda en igual estado,
avía con este bien grand pesar el *pecado;*
revolvió atal cosa el mal aventurado,
que el gozo que avía en llanto fue tornado.

[Traición del conde don Illán.]

41 Fijos *de* Vautiçanos non devieran nasçer,
que essos começaron traiçión a fazer,
volvió lo el diablo e metió í su poder,
esto fue el escomienço de España perder.

42 El conde don Illán, como avedes oído,
como ovo por las parias a Marruecos troçido;
ovo en este comedio tal cosa conteçido,
por que ovo el reino ser todo destruido.

43 Fizo *le* la gran ira traiçión volver,
fabló con Vusarbán que avía grand poder,
dixo como podría cristianos confonder,
no s' podría nu*lla guisa* España defender.

44 Dixo aquestas oras el conde don Illán:

_____

39a *Vesquían de su lazerío:* vivían de su trabajo.
41c *í:* ahí, allí.
42b *troçido:* pasado, dirigido.
43b *Vusarbán:* es, según M. Rosa Lida de Malkiel, Tarif abū Zarā, jefe del ejército de Muza *(RFH,* VII, 1945, pág. 51). El poeta arlantino habría sacado el nombre de *Vusarban* del *De rebus Hispaniae,* III, 18. de Ximénez de Rada.
43d *nulla guisa:* de ninguna manera.
44a *aquestas oras:* entonces.

«dígote yo verdat, amigo Vusarbán,
si non te do a España non coma yo más pan,
si non de mí non fíes más que si fues yo un can.

45   Trespassaré con esto much aína la mar,
faré al rey don Rodrigo sus caveros juntar,
fer les he todas armas en el fuego quemar,
por que después no ayan con qué se manparar.

46   Cuando esto ovier fecho sabrás de mi mandado,
travessarás el mar con todo tu fonsado,
como será el pueblo todo bien segurado,
refez miente podrás conquerir el reinado».

47   Despidió s' de los moros, luego passó la mar,
....
deviera se el mesquino con sus manos matar,
pues que en la mar irada no s' pudo afogar.

48   Fue luego pora l' rey cual ora fue passado,
«omillo m'», dixo, «el rey, el mi señor onrado,
recabdé tu mensaje e cunplí tu mandado,
evas aquí las parias por que as enbiado».

49   Resçibió lo muy bien el buen rey don Rodrigo,
tomó lo por la mano e asentó lo consigo.
Diz: «¿Cómo vos ha ido, el mi leal amigo;
d' aquello por que fustes, si es paja o trigo?»

50   —«Señor, si tu quisieres mi consejo tomar,
¡grado a Dios del çielo que te fizo reinar!
Nin moro nin cristiano non te pued contrallar.
¿Las armas, qué las quieres? pues non has pelear.

45b   caveros: forma sincopada de caballeros, tal vez aquí con
el significado de vasallos.
45c   fer les he: por fazer les he: les haré.
46b   fonsado: ejército.
46d   refez miente: fácilmente; conquerir: conquistar.
48a   cual ora: en el momento en que.
48c   recabdé: recaudé, entregué.
48d   evas aquí: he aquí, adverbio demostrativo.
50b   grado: doy gracias (de gradir: agradecer).
50c   nin moro nin cristiano: nadie; fórmula comunísima en la
lengua medieval; contrallar: contrariar, oponer.

51   Manda por *tod* el reino las armas desatar,
dellas fagan açadas p*o*ra viñas labrar,
e dellas fagan rejas p*o*ra panes senbrar,
cavallos e roçines todos fagan arar.

52   Todos labren por pan, peones e caveros,
siembren cuestas e valles e todos los oteros,
enriquescan *t*us reinos de pan e de dineros,
ca non has contra quien poner otros fronteros.

53   Mas todos los varones a sus tierras se vayan,
ningunas armaduras defiende que non trayan;
si esto non fizieren en la tu ira cayan,
si non con las que aren, otras bestias non ayan.

54   Non has a los caveros por qué les dar soldada*s,*
labren sus eredades, vivan en sus posadas;
con mulas e cavallos fagan grandes aradas,
que esso han mester ellos que non otras espadas.»

55   Cuando ovo acabada el conde su razón,
mejor non la dixera*n* cuantos en mundo son;
....

[*Destrucción de las armas.*]

56   Embió el rey don Rodrigo luego sus cartas,
....

57   Era la corte toda en uno ayuntada,
Aragón e Navarra, buena tierra provada,
León e Portogal, Casti*e*lla la preçiada,
non sería en el mundo tal provinçia fallada.

58   Cuando vió el rey Rodrigo que tenía sazón,
ante toda la corte començó su razón:
«oit me, cavalleros, si Crist*o* vos perdón,
....

_____

51a   *desatar:* desmontar, desmantelar.
51c   *panes:* cereales.
52d   *fronteros:* soldados que vigilaban las fronteras.
53b   *defiende:* prohíbe.

59   Graçias a Dios del çielo que lo quiso fazer,
        en aquesto l' avemos mucho que gradeçer,
        por que es toda España en el nuestro poder.
        ¡Mal grado a los moros que la solían tener!

60   Avemos *nos* en Africa una buena partida,
        parias nos dan por ella la gente descreída,
        mucho oro e mucha plata a llena medida,
        bien somos ya seguros todos dessa partida.

61   El conde, cavalleros, las pazes ha firmadas,
        e por estos cient años las parias recabdadas,
        pueden vevir las gentes todas bien seguradas,
        non avrán ningún miedo, vivrán en sus posadas.

62   Pues que todos avemos tales segur*idades,*
        han vos a dar carrera por que en paz vivades,
        peones e caveros e todas potestades,
        que viva cada uno en las sus eredades.

63   Lorigas, capellinas e todas brafoneras,
        las lanças e cochi*e*llas, fierros e espalderas,
        espadas e ballestas e asconas monteras,
        metet las en el fuego e fet grandes fogueras.

64   Faredes dellas fierros, e de sus guarneçiones
        picas e açadas, picos e açadones,
        destrales e fachas, segures e fachones,
        estas cosas *a*tales con que labren peones.

65   Por *aqu*esta carrera avremos pan assaz,
        los grandes e los chicos, fasta el menor rapaz,
        vivrán por esta guisa seguros *e* en paz;
        quiero que esto sea, si a vos otros plaz.

66   Aquesto que yo mando sea luego conplido,
        assí como yo *digo* quiero que sea tenido,
        aquel que armas traxiere e le fuere sabido,
        fágan *le* lo que fazen al traidor nemigo.

67   Tod aquel que quisiere salir de mi mandado,
        si en toda España fuere después fallado,

_____

62b   *carrera:* medio, manera.

mando que el su cuerpo sea *a*justiçiado,
e que l' den tal justiçia com tr*a*idor provocado.»

68 Fue fecha la barata atal como entendedes,
volvió lo el diablo que tiende tales redes,
tr*a*stornó el çimiento, cayeron las paredes,
lo que estonçe perdiestes cobrar non lo podedes.

69 Tenién lo a gran*d* bien los p*o*bres labrad*o*res,
non sabién la traiçión los malos pecadores,
los que eran entendidos e *bien* entendedores,
dezían: «¡Mal s*i*eglo hayan tales consejadores!»

70 Ovieron a fer todo lo que *e*l rey mandava,
quien las armas tenía luego las desatava,
el diablo antiguo en esto s' travajava,
por fer mal a cristianos nunca en al andava.

[Los moros desembarcan en Gibaltrar.]

71 Cuando fueron las armas des*f*echas e quemadas,
fueron aquestas nuevas a Marruecos passadas;
las gentes africanas fueron luego juntadas,
al puerto de la mar fueron luego llegadas.

72 Todos muy bien guisados p*o*r a Spaña passar,
cuando fueron juntados passaron allend mar,
arrivaron al puerto que dizen Gibraltar,
non podría ningún omne cuantos eran asmar.

73 Todos estos paganos que a Africa mandavan,
contra los de Oropa despechosos estavan,
....
entraron en la tierra do entrar non cuidavan.

74 Llegaron a Sevilla la gente renegada,

68a *barata:* engaño, confusión, embrollo.
70d *al:* otra cosa.
72a *guisados:* preparados, dispuestos.
72b *allend:* allende, al otro lado.
72d *asmar:* estimar, calcular.
73b *Oropa:* Europa.
73d *cuidavan:* pensaban, imaginaban.

essa çibdat nin otras non se les fizo nada,
era de mala guisa la rueda trastornada,
la cautiva d' España era mal quebrantada.

[*Batalla de Sangonera.*]

75   El buen rey don Rodrigo a quien avía contido,
mandó por tod el reino *an*dar el apellido:
el que con él non fuesse ante del mes conplido,
el aver e el cuerpo toviés lo por perdido.

76   Las gentes cuando oyeron pregones aquexados,
que d' averes e cuerpos eran mal menazados,
non era*n* í ninguno*s* p*o*ra fincar osado*s,*
fueron ante del tiempo con el rey ayuntados.

77   Cuando ovo rey Rodrigo sus poderes juntados,
era poder sin guisa mas todos desarmados;
lidiar fueron con moros, lavaron sus pecados,
ca fue de los profetas esto profetizado.

78   Tenía don Rodrigo *yente fuert e ligera,*
salió contra los moros, tovo les la carrera,
ayuntó se en el campo que dizen Sango*n*era,
çerca de Guadiana en *que ha* su ribera.

79   Fueron d' amas las partes los golpes avivados,
eran p*o*ra lidiar todos escalentados,
fueron de la primera los moros arrancados,
cojieron se con todo essora los cruzados.

80   Era la cosa puesta e de Dios otorgada
que serién los d' España metidos a espada,
a los dueños primeros *les* sería to*m*ada;
tornaron en el canpo ellos otra vegada.

75a   *contido:* acontecido.
75b   *el aver:* hacienda, capital, riqueza.
76a   *aquexados:* que instaban, apremiaban.
80d   *vegada:* vez. Las estrofas 80-86, por error del copista,
fueron traspapeladas y se hallan entre la 93 y la 94 del manuscrito
escurialense.

81 Cuidavan los cristianos ser bien asegurados,
que avían a los moros en el canpo rancados;
fueran se los paganos essas oras tornados,
si non por quien non hayan perdón de sus pecados.

82 Otro día mañana los pueblos descreídos
todos fueron en canpo de sus armas guarnidos,
tañiendo añafiles e dando alaridos,
las tierras e los çielos semejavan movidos.

83 Volvieron essas oras un torneo pesado,
començaron el *fecho* do lo avían dexado,
morieron los cristianos todos ¡ay, mal pecado!
del rey essas oras non sopieron mandado.

84 En Vis*e*o fallaron después una sepultura,
do yazía en un sepulcro, escrito desta figura:
«aquí yaz don Rodrigo, un rey de gran*d* natura,
el que perdió la tierra por su desaventura».

85 Fueron como oyestes de los moros rancados,
muchos eran los muertos, muchos los cativados,
fuien los que fincaron maldiziendo sus fados,
fueron por tod el mundo luego estos mandados.

[Sólo se salvan Castilla y Asturias.]

86 Pero con todo esto buen consejo prendieron,
tomaron las reliquias cuantas *levar* podieron,
alçaron se en Casti*e*lla, assí se defendieron,
los de las otras tierras por espadas *mu*rieron.

87 Era Casti*e*lla Vieja un puerto bien çerrado,
non avía más entrada de un solo forado,
tovieron castellanos *el* puerto bien guardado,
porque de toda Spaña ésse ovo fincado.

88 Fincaron las Asturias un pequeño lugar,

81b   *rancados:* vencidos.
86c   *alçaron se:* se escondieron, se refugiaron.
87b   *forado:* agujero, paso, abertura.
87d   *fincado:* salvado, permanecido.

los valles e montañas que son çerca la mar;
non podieron los moros por los puertos passar,
e ovieron por tanto las Asturias fincar.

[Destrucción de España.]

89   España la gentil fue luego destruída,
eran señores della *la* gente descreída,
los cristianos mesquinos avían muy mala vida,
nunca fue en cristianos tan gran*d* cuita venida.

90   Dentro en las iglesias fazían establías,
fazían en los altares muchas fieras follías,
robavan los tesoros de las sacristanías;
lloravan los cristianos las noches e los días.

91   Quiero vos dezir cosa que les fizo retraer,
prendían a los cristianos, mandavan los cozer,
fazían semejante que los ivan comer,
por tal que les podiessen mayor miedo meter.

92   Tenían otros presos, dexavan los foir,
por que veían las penas a los otros sofrir;
avían por do ivan las nuevas a dezir,
....

93   Dezían e afirmavan que los vieran cozer,
cozían e asavan omnes p*o*ra comer;
cuantos *que* lo oían ivan se a perder,
non sabían con gran*d* miedo adonde se asconder.

94   Assí ivan foyendo de las gentes estrañas,
....
murien de gran*d* fambre todos por las montañas,
non diez, veinte nin treinta, mas muchas de compañas.

95   Perdieron muchos dellos con miedo los sentidos,
matavan a las madres, en braços a sus fijos,
no s' podién dar consejo mugeres nin maridos,
an*d*avan con gran*d* miedo muchos enloqueçidos.

90a   *establías:* establos.
90b   *follías:* locuras, maldades.
91a   *retraer:* reprender, censurar, vituperar.

96   E los omnes mesquinos que estavan alçados,
del grand bien que ovieron estavan muy menguados,
querían más ser muertos o seer soterrados,
que *non* vesquir tal vida fanbrientos e lazrados.

97   Los omnes d' otro tienpo que fueran segurados,
veién se de nuevo en la tierra torvados,
comían el paneziello de sus fijos amados,
los pobres eran ricos e los ricos menguados.

98   Dezían los mal fadados: «en mal ora nasçimos,
diera nos Dios a España, guardar non la sopimos,
si en *grand* coita somos nos bien lo meresçimos,
por nuestro mal sentido en grand yerro caímos.

99   Si nos *a*tales fuéssemos como nuestros parientes,
non avrían poder aquestas malas gentes,
ellos fueron *los* buenos e nos menos *valientes,*
traen nos como lobos a corderos rezientes.

100   No*s* a Dios falesçiendo ha nos él falesçido,
lo que otros ganaron hemos *lo* nos perdido,
partiendo nos de Dios ha se de nos partido,
tod el bien de los godos por *end* es confondido».

101   Diera Dios essas oras grand poder al pecado,
fasta allende del puerto todo fuera *a*stragado;
semeja fiera cosa mas diz lo el ditado,
a San Martín de Tores ovieron allegado.

102   Visquieron castellanos grand tienpo mala vida,
en tierra muy angosta de viandas fallida,
lazrados muy grand tienpo a la mayor medida,
veién se en muy grand miedo con la gent descreída.

103   En todas estas coitas pero que mal andantes,
en la merçet de Cristo eran enfiuzantes,

100a   *falesçiendo, falesçido:* faltado, desamparado.
100c   *partiendo nos, partido:* alejándonos, alejado.
100d   *confondido:* alterado, desordenado.
101b   *astragado:* desolado, arrasado.
101d   *San Martín de Torres:* la ciudad francesa de San Martín
de Tours.
103a   *pero que:* aunque.
103b   *enfiuzantes:* confiados, fieles.

que les avría merçed contra los non bautizantes.
«Val nos, Señor», dixeron, «onde seamos cobrantes».

104   Avían en tod esto a Almozor dar
çient donzellas fermosas que fuessen por casar,
avían las por Castiella cada una a buscar,
avían lo de cunplir pero con grand pesar.

[Oración de los fugitivos.]

105   Duró les esta coita muy fiera tenporada,
los cristianos mesquinos, conpaña muy lazrada,
dezían: «Señor, nos vala la tu merçed sagrada,
ca valiste a san Pedro dentro la mar irada.

106   Señor, que con los sabios valiste a Catalina,
e de muerte libreste a Ester la reína,
e del dragón libreste a la virgen Marina,
tu da a nuestras llagas conorte e medeçina.

107   Señor, tu que libreste a Davit del león,
matest al Filisteo, un sobervio varón,
quitest a los jodíos del rey de Babilón,
saca a nos e libra nos de tan cruel presión.

108   Libreste a Susana de los falsos varones,
saquest a Daniel de entre los leones,
librest a san Matheo de los fieros dragones,
libra a nos, Señor, de estas tentaçiones.

109   Librest a los tres niños de los fuegos ardientes,
quando í los metieron los pueblos descreyentes,

103d   *cobrantes:* vencedores, recuperadores de lo perdido.
104   Se refiere a la leyenda del tributo de las cien doncellas que no habría sido impuesto en realidad hasta el rey Aurelio, cuarto rey después de Pelayo. Según Berceo, en su *Vida de San Millán,* habría sido Fernán González el que suspendió el «tributo».
106d   *conorte:* consuelo, ánimo.
107c   *quitest:* sacaste, libraste.
108a   Tema del *Libro de Daniel,* XIII, 1-64.
108b   *Libro de Daniel,* VI, 6-24.
109a   *Libro de Daniel,* III, 15-30.

cantaron e el forno cantos muy convenientes,
otra vez los libreste de bocas de serpientes.

110   San Juan Evangelista ante muchos varones,
yazían ante él muertos de yerbas dos ladrones,
vevió él muy grand vaso d' essos mismos ponçones,
mayor mal no l' fizieron que si comies piñones.

111   Tu que assí podiste a las yerbas toller,
que no l' pudieron *ellas* daño ninguno fer,
Señor, por tu mesura deves nos acorrer,
ca en ti nos yaz *todo,* levantar o caer.

112   Señor, tu que quesiste del çielo desçender,
en seno de la Virgen carne vera prender,
cara *m*ient nos conpreste, al nuestro entender,
non nos quieras dexar agora assí perder.

113   Somos mucho errados e contra ti peca*mos,*
pero cristianos somos e la tu ley guardamos;
el tu nonbre tenemos, por tuyos nos llamamos,
tu merçed atendemos, otra non esperamos.»

[*Elección del rey Pelayo.*]

114   Duraron en *tal* vida al Criador rogando,
de llorar de sus ojos nunca se escapa*n*do,
siempre días e noches su cuita recontando,
oyó les Jesucristo a quien *seién* llamando.

115   Dixo les por el ángel que a Pelayo buscassen,
que l' alçassen por rey e que a él catassen,
en manparar la tierra todos le ayudassen,
ca él les daría ayuda por que la amparassen.

116   Buscaron a Pelayo como les fue mandado,
fallaron lo en cueva fanbriendo e lazrado,

110c *ponçones:* pociones, venenos. Este episodio de la vida de
San Juan se halla en San Isidoro, *De ortu et obitu Patrum,* cap. 72,
que el arlantino sin duda conocía.
111a *toller:* quitar fuerza, desvirtuar.
115b *catassen:* acatasen.

besaron le las manos e dieron le el reignado
ovo lo resçebir pero non de su grado.

117   Resçibió el reinado, *mas* a muy gran*d a*midos,
tovieron se con él los pueblos por guaridos,
sopieron estas nuevas los pueblos descreidos,
p*o*ra venir sobre ellos todos fueron movidos.

118   Do sopieron que era venieron lo a buscar,
començaron le luego la peña de lidiar,
allí quiso *don* Cristo gran*d* miraglo mostrar,
bien creo que lo oyestes alguna vez contar.

119   Saetas e cuadri*e*llos cuantas al rey tiravan,
a él nin a sus gentes ningunas non llegavan,
tan iradas com ivan tan iradas tornavan,
si non a ellos mismos a otros non matavan.

120   Cuando vieron los moros *a*tan fiera fazaña,
que sus armas matavan a su misma conpaña,
desçercaron *la cueva,* salieron de montaña,
tenía*n* que les avía el Criador gran*d* saña.

121   Este *rey* don Pelayo, siervo del Criador,
guardó tan bien la tierra que non pudo mejor,
fueron assí perdiendo cristianos el dolor,
pero n*u*n*ca* perdie*ro*n miedo de Almoçor.

[Sucesores de Pelayo.]

122   Finó el rey Pelayo, *don* Cristo lo perdón,
reignó su fijo Vavila que fue muy mal varón,
quiso Dios que mandasse poco la región,
ca visquió rey un año e más poca sazón.

123   Fija de *rey* Pelayo, dueña muy enseñada,
con señor de *Cantabria* ovieron la cassada;

117a   *amidos:* de mala gana, contra su voluntad.
118-120   Alusión a la leyenda de la batalla de Covadonga que fue
el principio de la Reconquista.
119a   *cuadriellos:* flechas.
122b   *Vavila:* Fávila.

dixeron le Alfonso, una lança dudada,
ganó muy fiera tierra toda con su espada.

124   Este ganó a Viseo que es en Portogal,
después ganó a Braga*na,* reino arçobispal,
Estorga e Çamora, Salamanca otro tal,
ganó después *a* Amaya que es un alto poyal.

125   Murió este rey Alfonso, señor aventurado,
—sea en paraíso tan buen rey heredado—
reignó su fijo Fabia que fue malo provado,
quiso Diso que visquiese poco en el reignado.

126   Después reignó Alfonso, un rey de gran*d* valor,
«el Casto» que dixeron, siervo del Criador,
visquieron en su tienpo en paz e en sabor,
este fizo la iglesia que s' diz San Salvador.

[Bernardo del Carpio.]

127   Hemos esta razón por fuerça d' alongar,
quiero en *el* rey Carlos este cuento tornar,
ovo al rey Alfonso mandado d' enviar,
que venié *p*ora España *p*ora gela ganar.

128   Envió rey Alfonso al rey Carlos mandado,
q*ue* en ser atribuido non era acordado;

123c   *Alfonso:* Alfonso I *el Católico; dudada:* valerosa, decidida.
124b   *Bragana:* Braga.
124c   *otro tal:* asimismo, también.
124d   *Amaya:* villa a unos 60 kms. al noroeste de Burgos; *poyal:* altura.
125c   *Fabía:* Fruela I.
126a   *Alfonso:* Alfonso II *el Casto.* Una vez más el poeta se «olvida» que entre Alfonso II y Fruela reinaron: Aurelio, Silo, Mauregato y Bermudo I; pero no se le olvida que *el Casto* fundó San Salvador de Oviedo, la joya de las iglesias visigodas.
127a   *razón:* relato, argumento, asunto.
127b   *cuento:* narración.
127d   *gela:* se la.

por dar parias por él non quería el reignado,
sería llamado torpe en fer atal mercado.

129   Dixo que más quería com estava estar,
que el reigno de España a Françia sujuzgar,
que no s' podrían desso françeses alabar,
¡qué más la querían ellos en çinco años ganar!

130   Carlos ovo consejo sobre este mandado,
como menester fuera non fue bien consejado;
dieron le por consejo el su pueblo famado,
que venies en España con todo su fonsado.

131   Ayuntó sus poderes, grandes e sin mesura,
movió pora Castiella, tengo que fue locura,
al que lo consejó nunca l' marre rencura,
ca fue essa venida plaga de su ventura.

[Dos derrotas de Carlomagno.]

132   Sopo Bernald del Carpio que françeses passavan,
que a Fuenterrabía todos í arribavan,
por conquerir a España segunt que ellos cuidavan,
que ge la conquerrían, mas non lo bien asmavan.

133   Ovo grandes poderes Bernaldo d' ayuntar,
e dessí envió los al puerto de la mar,
ovo l' todas sus gentes el rey Casto a dar,
non dexó a ese puerto al rey Carlos *ribar*.

134   Mató í de françeses reyes e potestades,
como diz la escritura, siete fueron, sepades,
muchos morieron í, esto bien lo creades,
que nunca más tornaron a las sus vezindades.

128d   *mercado:* negocio, contrato.
129d   *¡qué más...:* ¡qué más quisieran, que haberla ganado en
cinco años! Probable alusión a los primeros versos de la *Chanson
de Roland,* donde se dice que Carlomagno conquistó España en
siete años.
131c   *nunca l' marre rencura:* no le falte pena, aflicción.
134b   *escritura:* se refiere a la *Crónica de Turpín* del *Liber
Calixtinus* (siglo XII).

135   Tovo se por mal trecho Carlos essa vegada,
cuando vio que por í le tollió la entrada,
movió s' con assaz gentes e toda su mesnada,
al puerto de Marsilla fizo luego tornada.

136   Cuando fueron al puerto *los* françeses llegados,
rendieron a Dios graçias que los avía guiados,
folgaron e dormieron, que eran muy cansados,
si essora tornaran fueran bien venturados.

137   Ovieron su acuerdo de passar a *E*spaña,
e non í les fincasse *nin* torre nin cabaña,
....
....

138   Fueron los poderes con toda su mesnada,
al puerto de Gitarea fizieron l*a* tornada
....
....

139   Los poderes de França, todos *muy* bien guarnidos,
por los *puertos* de Aspa fueron luego troçidos,
fueran de buen acuerdo si non fueran venidos,
que nunca más tornaron *a* do fueron nasçidos.

140   Dexemos los françeses en España tornados,
por conquerir la tierra todos bien *a*guisados,
tornemos en Bernaldo, de los fechos granados,
que avié d' españones *los* poderes juntados.

141   Movió Bernald del Carpio con toda su mesnada,
si sobre moros fuesse era buena provada,
movieron p*o*r un agua muy fuerte e muy irada,
Ebro l' dixeron sienpre, assí es oy llamada.

142   Fueron a Çaragoça a los pueblos paganos,
besó Bernald del Carpio al rey Marsil las manos,

138b   *puerto de Gitarea:* región de los Pirineos entre Francia y
Navarra en la que se encuentra Roncesvalles, lugar de la famosa
batalla.

139b   *Aspa:* el Paso de Aspa está en la provincia de Huesca, muy
cerca del Somport.

141c   *agua:* río.

142b   *Marsil:* Abdelmelek ben Omar, rey moro de Zaragoza,
para los cronistas cristianos Marsilio.

que dies la delantera a pueblos castellanos,
contra los doze pares, essos pueblos loçanos.

143   Otorgó gela luego e dio gela de grado,
nunca oyó Marsil otro nin tal mandado;
movió Bernald del Carpio con su pueblo dudado,
de gentes castellanas era bien aguardado.

144   Tovo la delantera Bernaldo essa vez,
con gentes españones, gentes de muy grand prez,
vençieron essas oras a françeses refez,
bien fue essa más negra que la primera vez.

[Elogio de España.]

145   Por esso vos *lo* digo que bien lo entendades,
mejor *es* que otras tierras en la que vos morades,
de todo he bien complida en la que vos estades;
dezir vos he agora *cuántas* ha de bondades.

146   Tierra es muy tenprada sin grandes calenturas,
non faze en invierno destenpradas friuras,
non es tierra en mundo que haya tales pasturas,
árboles pora fruta siquier de mil naturas.

147   Sobre todas las tierras mejor es la montaña,
de vacas e de ovejas non ha tierra tamaña,
tantos ha í de puercos que es fiera fazaña,
sirven se muchas tierras de las cosas d' España.

148   Es de lino e lana tierra much abastada,
de çera sobre todas buena tierra provada,
non sería de azeite en mundo tal fallada,
Inglatierra e Françia desto es abondada.

149   Buena tierra de caça e buena de venados,
de río e de mar muchos buenos pescados,
quien los quiere rezientes, quien los quiere salados,
son destas cosas tales pueblos muy abastados.

146d   *siquier:* aunque.
147b   *tamaña:* tan grande.

150   De panes e de vinos tierra muy comunal,
       non fallarían en mundo otra mejor nin tal,
       muchas de buenas fuentes, mucho río cabdal,
       otras muchas *mineras* de que fazen la sal.

151   Ha í muchas ven*e*ras de fierro e *de plata*,
       ha í venas de oro, son de mejor barata,
       ha *e*n sierras e valles mucha de buena mata,
       todas llenas de grana p*o*ra fer escarlata.

152   Por lo que ella más val aún non lo dixemos,
       de los buenos cavallos aún men
ción non fiziemos,
       mejor tierra es de las que cuantas nunca *o*yemos,
       nunca tales cavallos en el mundo n*o*n viemos.

153   Dexar vos quiero desto, assaz vos he contado,
       non quiero más dezir que podría ser errado,
       pero non olvidemos al apóstol honrado,
       fijo del Zebedeo, Santiago llamado.

154   Fuerte mi*e*nt quiso Dios a España honrar,
       cuando al santo apóstol quiso í enviar,
       d' Inglatierra e Françia quiso la mejorar,
       sabet, non yaz apóstol en tod aquel logar.

155   Onró le otra guisa el preçioso Señor,
       fueron í muchos santos muertos por su *am*or,
       de morir a cochi*e*llo non ovieron temor,
       muchas v*í*rgenes santas, mucho buen confessor.

156   Como ella es mejor de las sus vezindades,
       sodes mejores cuantos en España morades,
       omnes sodes sesudos, mesura heredades,
       desto por tod el mundo *muy* gran*d* preçio *ganades*.

[*Elogio de Castilla.*]

157   Pero de toda Spaña Casti*e*lla es mejor,
       por que fue de los otros *el* comienço mayor,

150a   *comunal:* abundante.
150c   *cabdal:* caudaloso.
151b   *barata:* ley, precio, valor.

guardando e temiendo sienpre a su señor,
quiso acreçentar *la* assí el *Criad*or.

158   Aún Casti*e*lla Vieja, al mi entendimiento,
mejor es que lo al, por que fue el çimiento,
ca conquirieron mucho, maguer poco conv*i*ento,
bien lo podedes ver en el acabamiento.

---

^{158c}   *conviento:* colectividad, comunidad de personas.

II. CRUZADA CONTRA EL ISLAM. GUERRA CON NAVARRA

[Los Jueces de Castilla.]

159   Pues quiero me con tanto desta razón dexar,
       temo si más dixesse que podría errar,
       otrossí non vos quiero la razón alongar,
       quiero en don Alfonso, el Casto rey, tornar.

160   Rey fue de grand sentido e de *muy* grand valor,
       siervo fue e amigo mucho del Criador,
       fue se d' aqueste mundo pora el otro mejor,
       fincó toda la tierra essora sin señor.

161   Eran en muy grand coita españones caídos,
       duraron muy grand tiempo todos desavenidos,
       como omnes sin señor, tristes *e* doloridos,
       dizién: «Más nos valdría nunca seer nasçidos.»

162   Cuand vieron castellanos la cosa assí ir,
       e pora alçar rey no s' podían avenir,
       vieron que sin pastor non podían bien vevir,
       posieron qui podiessen los canes referir.

163   Todos los castellanos en uno s' acordaron,
       dos omnes de grand guisa por alcaldes alçaron,

162d   *qui:* quien; *los canes referir:* rechazar, poner en fuga a los
perros.

los pueblos castellanos por ellos se guiaron,
que non posieron rey grande tienpo duraron.

164   Diré de los alcaldes cuáles nonbres ovieron,
dende en adelante los que dellos venieron,
muchas buenas batallas con los moros fezieron,
con su fiero esfuerço grand tierra conquirieron.

165   Don Nuño *fue el uno,* omne de grand valor,
vino de su linaje, el buen enperador;
el otro don Laýno,   el buen guerreador,
vino de su linaje el Çid Canpeador.

[*El padre y hermanos de Fernán González.*]

166   Fi de Nuño Rasura, omne bien entend*u*do,
Gonçalo ovo por nonbre, *o*mne muy atrev*u*do,
amparó bien la tierra, fizo quanto fer pudo,
este fue referiendo al pueblo descre*u*do.

167   Ovo Gonçalo Núñez tres fij*uelo*s varones,
todos tres de grand guisa, de grandes coraçones,
estos partieron tierra, dieron la a infançones,
por donde ellos partieron í estan los mojones.

168   Don Diego Gonçález, el ermano mayor,
Rodrigo el mediano, Fernando el menor,
todos tres fueron buenos, mas Fernando el mejor,
ca quitó muy grand tierra al moro Almozor.

169   Finó Diego Gonçález, cavallero loçano,
quedó toda la tierra en el otro ermano,
don Rodrigo por nonbre que era el mediano,
señor fue muy grand tiempo del pueblo castellano.

170   Cuando vino la ora puesta del Criador,
fue se Ruy Gonçález pora el mundo mejor,
fincó toda la tierra *a*l ermano menor,
don Fernando por nonbre, cuerpo de grand valor.

168d   *Almozor:* el verdadero Almanzor fue caudillo de las tro-
pas musulmanas bajo Hixen II (976-1002); de nuevo, el monje
poeta juega con las figuras históricas para sus fines políticos y
literarios.

[Exordio sobre el conde.]

171   Estonçe era Castiella un pequeño rincón,
era de castellanos Montes d' Oca mojón,
e de la otra parte Fit*u*ero *el* fondón,
moros tenién Caraço en aquella sazón.

172   Era toda Castiella solo un alcaldía,
maguer que era pobre e de poca valía,
nunca de buenos omnes fue Casti*e*lla vazía,
de quales ellos fueron paresçe oy en día.

173   Varones castellanos, este fue su cuidado:
de llegar su señor al más alto estado;
d' un alcaldía pobre fizieron la condado,
tornaron la después cabeça de reignado.

174   Ovo nonbre Fernando, e*sse* conde primero,
nunca fue en el mundo otro tal cavallero,
este fue de los moros un mortal omiçero,
dizién le por sus lides el vueitre carniçero.

175   Fizo grandes batallas con la gent descreída,
e les fizo lazrar a la mayor medida,
ensanchó en Casti*e*lla una *muy* gran*d* partida,
ovo en el su tiempo mucha sangre vertida.

176   El conde don Fernando con muy poca conpaña,
—en contar lo que fizo semejaría fazaña—
mantovo siempre guerra con los rey*e*s d' España,
non dava más por ellos que por una castaña.

[Crianza de Fernando.]

177   Enante que entremos delante en la razón,
dezir vos he del conde qual fue su criazón,
furtó l' un pobrezi*e*llo que labrava carbón,
tovo l' en la montaña una gran*de* sazón.

---

171 Con esta estrofa empieza la prosificaicón del *Poema* en la *PCG*.
174c *omiçero:* matador.

178   Cuanto podía el amo ganar de su mester,
todo al buen criado dava *muy* volunt*er*,
de cual linax venía fazía gelo entender,
avía el moço quando lo oía muy gran*d* plazer.

[*Oración del joven conde.*]

179   Cuando *iva* el mozo *las* cosas entend*iendo*,
oyó como a Casti*e*lla moros ivan corriendo.
«Valas me», dixo, «Crist*o*, yo a ti me encomiendo,
en coita es Casti*e*lla segunt que yo entiendo.

180   Señor, ya tienpo era, si fuesse tu mesura,
que mudasses la rueda que anda a la ventura;
assaz han castellanos passada *de* rencura,
gentes nunca passaron atan mala ventura.

181   Señor, ya tienpo era de salir de cavañas,
que non so yo osso bravo p*o*r vevir en montañas;
tienpo es ya que sepan de mi las mis conpañas,
e *yo* se*p*a el mundo e las cosas estrañas.

182   Castellanos *perdieron* sonbra e grand abrigo,
la ora que *murió* mi ermano don Rodrigo,
avían en él los moros un mortal enemigo,
si yo d' aquí non salgo nunca valdré un figo».

183   Salió de las montañas, vino p*o*ra poblado,
con el *su* pobrezi*e*llo que lo avía criado,
aína fue sabido por todo el condado,
n*o*n ovo mayor gozo o*m*ne de madre nado.

184   Venían los castellanos a su señor veer,
avían chicos e grandes todos con él plazer,
metieron el condado todo en su poder,
non podían en el mundo mejor *señor* aver.

185   Cuando entendió que era de Casti*e*lla señor,
alçó a Dios las manos, rogó al Criador:
«Señor, tu me ayuda —que so muy pecador,
que yo saque a Casti*e*lla del antigo dolor.

186   Da me, Señor, esfuerço, seso e *buen* sentido,
que yo tome vengança del pueblo descreído,

e cobren castellanos algo de lo perdido,
e te tengas de mí en algo por servido.

187   E Señor, tienpo ha que viven mala vida,
son mucho apremiados de la gent descreída,
Señor, Rey de los Reyes, haya la tu ayuda,
que yo torne a Castiella *a la* buena medida.

188   Si por alguna culpa cayemos en *tu* saña,
non sea sobre nos esta pena tamaña,
ca yazemos cativos de todos los d' España,
los señores ser siervos tengo lo por fazaña.

189   Tu lo sabes, Señor, que vida enduramos,
non nos quieres oir maguer *que* te llamamos,
non sabemos con quexa qué consejo prendamos,
Señor, grandes e chicos tu merçed esperamos.

190   Señor, esta merçed te querría pedir,
seyendo tu vassallo, non me queras fallir;
Señor, contigo cuedo atanto conquerir,
por que haya Castiella de premia a salir.»

191   Fizo su oración el moço bien conplida,
de coraçón la fizo, bien le fuera oída;
fizo grandes batallas con la gent descreída,
mas nunca fue vençido en toda la su vida.

[Toma de Carazo.]

192   Non quiso maguer moço dar se ningún vagar,
començó a los moros muy fuerte guerrear,
movió se con sus gentes, Caraço fue çercar,
una sierra muy alta, muy firme castellar.

193   El conde castellano con todos sus varones,
conbatían las torres a guisa d' *infançones,*

189a   *enduramos:* padecemos, soportamos.
189b   *maguer:* aunque.
190b   *fallir:* abandonar, faltar.
190c   *cuedo:* pienso, creo, juzgo.
190d   *premia:* de apremiar: situación difícil; y aquí también:
sumisión.

de dardos *e d' azconas* peleavan los peones,
fazían a Dios serviçio de puros coraçones.
194   Non se podían los moros por cosa defender;
enant que Almozor los pudies acorrer,
ovieron se los moros por fuerça a vençer,
ovieron los cristianos las torres en poder.

[Ira de Almanzor.]

195   Llegó a Almozor luego el apellido,
sopo como avía a Caraço perdido,
dixo: «Ya firme so del conde maltraído,
si dél non he derecho en mala fuí nasçido.»
196   Enbió por la tierra a grand priessa troteros,
unos en pos de otros, cartas, e mensajeros,
que veniessen aína peones e caveros,
sus reyes que veniessen de todos delanteros.
197   Cuando fueron con él juntados sus varones,
reyes e ricos omnes e muchos infançones,
si todos los contássemos caveros e peones,
serién más por cuenta de çinco legiones.
198   Cuando ovo Almozor su poder ayuntado,
movió pora Castiella sañudo e irado,
avía muy fiera miente al cond amenazado:
que non fincaría tierra que non fuesse buscado.

[Consejo de los castellanos.]

199   Avía aquestas nuevas el conde ya oído,
como era Almozor pora venir movido,
de toda el Almería traía el apellido,
mayor poder non ovo ningún omne nasçido.
200   Enbió por Castiella a priessa los mandados,

194a   *cosa:* nada.
196a   *troteros:* mensajeros.
200b   *Muño:* acaso Piedrahíta de Muñó, cerca de Salas de los Infantes en la provincia de Burgos.

que fuessen en Muño todos con él juntados,
fizo saber las nuevas a sus adelantados,
cómo de Almozor eran desafiados.

201   Fabló con sus vassallos en qué acordarían,
quería oir a todos que consejo l' darían,
si querían ir a ellos o si los atendrían,
o cuál sería la cosa que por mejor ternían.

[Discurso de Gonzalo Díaz.]

202   Fabló Gonçalo Díaz, un sesudo varón,
rogó que le escuchassen e dería su razón:
«Oit me», diz, «amigos, si Cristo vos perdón,
pora aver la lid non tenemos sazón.

203   Si alguna carrera podiéssemos fallar,
de guisa que s' podiesse esta lid escusar,
non devriemos tregua nin pecho refusar,
por do quier que el omne los pudies amansar.

204   En muchas otras cosas se espiende el aver,
en el lidiar el omne non puede estorçer,
avrá cuerpo e alma todo í a poner,
que por oro nin plata non lo puede aver.

205   Muchos son sin guisa los pueblos renegados,
caveros e peones todos bien aguisados,
somos poca conpaña de armas muy menguados,
seremos si nos vençen todos descabeçados.

206   Si nos pleito podiéssemos con Almozor tener,
que fincasse la lid por dar o prometer,
es el mejor consejo que podriemos aver,
si otra cosa fazemos podemos nos perder.

200c   *adelantados:* consejeros o estrategas militares.
201c   *atendrían:* esperarían.
203c   *pecho:* pago, tributo; *refusar:* rehusar, negar.
204a   *espiende:* gasta.
204b   *estorçer:* librarse, evitar, salvarse.
206c   Verso reconstruido sobre la *Crónica de Arredondo* que reproduce otro manuscrito distinto al de El Escorial.

207   Todo el mi sentido ya oído lo avedes,
        si yo fablé sin guisa vos me lo perdonedes;
        dezit agora vos lo que por bien tenedes,
        por Dios que lo mejor al conde consejedes».

        [Réplica del conde.]

208   Fue de Gonçalo Díaz el conde despagado,
        ca non se tovo dél por bien aconsejado,
        maguer que fue sañudo non fabló desguisado,
        mas contradixo l' todo cuanto avía fablado.
209   «Por Dios», dixo el conde, «que m' querades oir,
        quiero a don Gonçalo a todo recudir,
        contra cuanto ha dicho quiero le yo dezir,
        ca tales cosas dixo que sol non son d' oir.
210   Dixo de lo primero d' escussar el lidiar,
        pero non puede omne la muerte escusar;
        el omne pues que sabe que non puede escapar,
        deve a la su carne onrada muerte dar.
211   Por la tregua aver, por algo que pechemos,
        de señores que somos vassallos nos faremos;
        en vez que a Castiella de su premia saquemos,
        la premia en que era doblar gela í hemos.
212   Por engaño ganar non ha cosa peor,
        quien cayere en est fecho cadrá en gran error,
        por defender engaño murió el Salvador,
        más val ser engañado que non engañador.
213   Nuestros anteçessores lealtad sienpre guardaron,
        sobre las otras tierras ellos la heredaron,
        por esta aguardar las muertes olvidaron,
        cuanto sabor ovieron por í lo acabaron.
214   Todavía s' guardaron de malfecho fazer,
        non les pudo ninguno aquesto retraer,

208a   *despagado:* descontento, insatisfecho.
209b   *recudir:* responder, replicar.
209d   *sol:* solo, ni siquiera.
211a   *pechemos:* paguemos.

eredar non quisieron *p*ora menos valer
lo que ellos non podiessen enpeñar nin vender.

215   Este debdo levaron nuestros anteçessores:
de todos los *que* viven mejor guardar señores,
de morir ante *que* ellos tenién se por *debdores,*
catando esto ganaron el prez de los mejores.

216   Non deve otra cosa í seer olvidada:
por que *e*l señor fiziesse cosa desaguisada,
ellos nunca *to*vieron saña vieja alçada,
mas sienpre lealtad leal mientre pagada.

217   Assí guisó la cosa el mortal enemigo,
cuando perdió la tierra el buen rey don Rodrigo,
non quedó en España quien valiesse un figo,
si non Casti*e*lla Vieja un logar muy antigo.

218   Fueron nuestros abuelos gran*d* tienpo *afront*ados,
ca los tenían los moros muy fuert arrenconados,
eran en poca tierra *pocos* omnes juntados,
de fanbre e de guerra eran mu*cho* lazrados.

219   Maguer mucho lazerio, mucha coita sofrieron,
d'otros sienpre ganaron, de lo suyo non perdieron,
por miedo de la muerte yerro nunca fezieron,
todos sus adversarios por aquí los vençieron.

220   ¿Cómo se nos oviera todo esto olvidar?
Lo que ellos ovieron a nos es d' heredar;
veniendo a nos en miente non podremos errar,
puede nos tod aquesto de malfecho librar.

221   Dexemos los parientes, *en* lo nuestro tornemos;
p*o*r ir a la batalla aquesso aguisemos:
por miedo de la muerte la lid non escusemos,
caer o levantar í lo departiremos.

222   Esforçad, castellanos, non ayades pavor,
vençremos los poderes del rey Almozor,
sac*a*remos Casti*e*lla de pr*e*mia e d' error,
él será el vençido, yo seré el vençedor.

_____

215c y d   Faltan en el Ms. Reconstruidos sobre el texto de la *PCG.*
216c   *saña vieja:* antiguo rencor.

223   Maguer que muchos son, non valen tres arvejas,
....
más puede un león..
irien tre*inta* lobos a treinta mil ovejas.
224   Amigos, d' una cosa so *yo* bien sabidor,
que vençremos sin duda al moro Almozor,
de todos los d' España faredes m*e* el mejor,
será grand la mi onra e la vuestra m*a*yor».

[*Los castellanos a Lara.*]

225   Cuando ovo el conde la razón acabada,
con estos tales dichos su gente conortada,
movió se de Muño con toda su mesnada,
fueron se p*o*ra Lara tomar otra posada.
226   El cond Ferrán Gonçález, cuerpo de buenas mañas,
cavalg*ó* su cavallo, part*ió* s' de sus conpañas,
p*o*r ir buscar el puerco, metió s' por las montañas,
falló lo en un arroyo çerca de Vasquebañas.
227   Acojió se el puerco a un fiero lugar,
do tenía su cueva e solía albergar,
non se osó el puerco en cueva asegurar,
foxó a un ermita, metió s' tras el altar.

[*La ermita de San Pedro de Arlanza.*]

228   Era essa ermita d' una *y*edra *çerc*ada,
por que de toda ella non paresçía nada,

223a   *arvejas:* algarrobas.
226d   *Vasquebañas:* topónimo desconocido; la ermita y cueva se encuentran sobre el río Arlanza, cerca de Covarrubias en la provincia de Burgos. Allí se levantó la famosa abadía castellana de la cual hoy día no quedan más que las ruinas. Los cuerpos de Fernán González y de su esposa Sancha fueron trasladados durante la exclaustración a la colegiata de Covarrubias, mientras que las obras de arte se hallan esparcidas en distintos museos de Madrid y Burgos.
227d   *fuxó:* huyó.

tres monjes í vevían vida fuerte lazrada,
San Pedro avía nonbre essa casa sagrada.

229 Non pudo por la peña el conde aguijar,
sorrendó el cavallo, ovo se de apear,
por do s' metió el puerco, metió s' por es lugar,
entró por la ermita, llegó fasta 'l altar.

230 Cuando vio don Fernando tan onrado logar,
desanparó el puerco, non lo quiso matar;
«Señor», diz, «a quien temen los vientos e la mar,
si yo erré en esto deves me perdonar.

231 A ti me manifiesto, Virgen Santa María,
que d' esta santidat, Señora, non sabía;
por í fazer enojo, yo aquí non entraría,
si non por dar ofrenda o por fer romería.

232 Señor, tu me perdona, e me val e me ayuda
contra la gent pagana que tanto me seguda,
anpara a Castiella de la gent descreuda,
si tu non la amparas tengo la por perduda».

233 Cuando la oración el conde ovo acabada,
vino a él un monje de la pobre posada,
Pelayo avía nonbre, vivía vida lazrada,
salvó l' e preguntó l' cuál era su andada.

234 Dixo que tras el puerco era aí venido,
era de su mesnada arredrado e partido,
si por pecados fuesse de Almozor sabido,
non fincaría tierra donde fuesse guarido.

235 Recudió l' monje e dixo: «Ruego t' por Dios, amigo,
si fuesse tu mesura, ospedasses conmigo,
dar te e yo pan de ordio ca non tengo de trigo,
sabrás cómo has de fer contra 'l tu enemigo.»

229b *sorrendó:* detuvo.
233d *salvó l' e preguntó l':* le saludó y le preguntó.
234d *donde fuese guarido:* donde refugiarse; el Ms. trae *escaparse vivo,* verso asonantado, corregido sobre la base de la *Crónica de 1344.* Cfr. D. Catalán en *Reliquias,* pág. XXXIV.
235c *ordio:* cebada. En el Ms. entre este verso y el *d* hay otro: «darte yo del agua que no tengo vino», resultando así una estrofa de cinco versos.

236   El cond Ferrán Gonçález, de todo bien conplido,
del monje *do*n Pelayo resçibió su convido,
del ermitaño santo tovo s' por bien servido,
mejor non albergara después que fue nasçido.

[*Profecía de fray Pelayo.*]

237   Dixo don fray Pelayo escontra su señor:
«Fago te, el buen conde, de tanto sabidor,
que quier la tu fazienda guiar el Criador,
vençrás tod el poder del moro Almozor.

238   Farás grandes batallas en la gent descreída,
muchas serán las gentes a quien *told*rás la vida,
cobrarás de la tierra una buena partida,
la sangre de los reyes por ti será vertida.

239   Non quiero más dezir te de toda tu andança,
será por tod el mundo temida la tu lança,
quanto que te yo digo ten lo por segurança,
dos vezes serás preso crei me sin dudança.

240   Antes de terçer día *s*erás en gran*d* cuidado,
ca verás el tu pueblo todo muy espantado,
verán un fuerte signo cual nunca vio omne nado,
el más loçano dellos sera *end desmay*ado.

241   Tu confortar los has cuanto mejor podieres,
dezir les has a todos que semejan mug*i*eres,
depar*t*e les el *signo* cuanto mejor *so*pieres,
perderán tod el miedo quand gelo departieres.

242   Espídete agora con lo que has oído,
aqueste lugar pobre non eches en olvido,
fallarás el tu pueblo triste e dolorido,
faziendo lloro e llanto, metiendo apellido.

243   Por lloro nin *por* llanto non fazen ningún tuerto,
ca piensan que eres preso o que moros te han muerto,

───────────

236d   Ms.: *que fuera vivo,* corrección de la asonancia por com-
paración interna con la estrofa 250d.
238b   *toldrás:* quitarás.
241c   *departe les:* explícales, interprétales.

que quedan sin señor e sin ningún confuerto,
coidavan con los moros por ti salir a puerto.

244   *Mas* ruego te amigo e pido t' lo de grado,
que cuando ovieres tu el campo arrancado,
venga *se* te en miente *dest* convento lazrado,
e non se te olvide el pobre ospedado.

245   Señor, tres monjes somos, assaz pobre convento,
la nuestra pobre vida non ha *nin* par nin cuento,
si Dios non nos envía algún consolamiento,
daremos a las sierpes nuestro avitamiento.»

[*Promesa del conde.*]

246   El conde dio l' respuesta como omne enseñado.
Dixo: «Don fray Pelayo, non aya*des* cuidado,
cuanto *que* demandaste ser vos ha otorgado,
conosçredes a dónde diestes vuestro ospedado.

247   Si Dios aquesta lid me dexa arrancar,
quiero tod *el* mío quinto a este lugar dar,
demás, cuando muriere, aquí me soterrar,
que mejore por mi sienpre este lugar.

248   Faré otra iglesia de más fuerte çimiento,
faré dentro en ella el mi soterramiento,
dare í donde vivan *de* monjes más de çiento
sirvan todos a Dios, fagan su mandamiento.»

249   Despidió se del monje alegre e muy pagado,
vino se p*or*a Lara el conde aventurado,
cuando allá llegó e le vio el su fonsado,
el lloro e *el* llanto en gozo fue tornado.

250   Contó a sus varones como l' avía contido,
del monje que fallara que yazía ascondido,

243c   *confuerto:* consuelo, apoyo.
244b   *arrancado:* vencido.
245d   *avitamiento:* habitación, casa, morada.
247b   *quinto:* la quinta parte del botín de guerra que pertenecía
al señor o caudillo.

cómo fuera su uesped e tom*ó* su convido,
mejor non albergara después que fue nasçido.

[Comienza la batalla.]

251   Otro día mañana mandó mover sus gentes,
p*o*ra un cristiano avía mill descreyentes,
los del conde eran pocos, mas buenos conbatientes,
todos eran iguales, d'un coraçón ardientes.

252   Bien se vei*én* por ojo los moros e cristianos,
non es omne en el mundo que asmase los paganos,
todos venían cobiertos los oteros e llanos,
a cristianos cuidavan prender selos a manos.

253   Fazían gran alegría los pueblos descre*ídos,*
venían tañendo tronpas e dando alaridos,
davan los mal fadados atamaños roídos,
que los montes e valles semejavan movidos.

254   El conde don Fernando estava muy quexado,
quería morir por ver se con los moros *yuntado;*
bien cuidava ese día reignar í el pecado,
que metió grand espanto en el pueblo cruzado.

[Prodigio profetizado.]

255   Uno de los del conde, valiente cavallero,
cavalgó en un cavallo, fermoso e ligero,
dio le de las espuelas por *salir delantero,*
abrió s' con él la tierra e somió se el cavero.

256   *Todos desta señal fueron muy espantados:*
«Esto que conteçió fue por nuestros pecados;

250a   *contido:* sucedido, acontecido.
255   Entre los versos *a* y *b* aparece este otro en el Ms.: «natural de Entreviño de la Puente Itero», que parece interpolación del copista; pero véase D. Catalán, *Reliquias,* págs. XXXV-XXXVI.
255d   *somió se:* se sumergió, fue tragado.
256-262   Laguna en el Ms. El copista se saltó un folio completo del original. La reconstrucción que aquí presentamos fue hecha por Menéndez Pidal sobre la prosificación de la *PCG,* cuyo texto puede verse en *Reliquias,* págs. 71-72.

bien semeja que Dios nos a desanparados,
mejor seso fiziéramos si fuéramos tornados.

257 Sin ferida nenguna Dios nos quiere matar,
contra Dios non podemos sin daño pelear;
bien lo vemos que quiere a moros ayudar,
¿e cómo nós podríamos contra ellos lidiar?»

258 «Amigos», dixo el conde, «¿cómo assí desmayades?
Ganar mal prez por sienpre en poco non querades;
de gallinas semeja que el coraçón ayades,
ca sin nulla ferida covardía mostrades.

259 Lo que este signo muestra quiero vos departir,
cóm' ha de ser sin dubda vos entiendo dezir:
la tierra dura e fuerte vos fazedes somir,
pues ¿cuales otras cosas a vos podrán sofrir?

260 Ellos non valen nada por contra vos seer,
et vuestros coraçones veo enflaquescer.
Por esto non devedes ningún miedo aver
ca yo aqueste día cobdiciava veer.

261 Amigos, d' una cosa so yo bien sabidor:
ellos serán vençidos, yo seré vençedor;
en gran afruenta en canpo seré con Almoçor,
veré los castellanos com guardades señor.»

262 Después que el conde ovo su raçón acabada,
desbolver el pendón mandó a su mesnada;
fue llamando «¡Castiella!» contra la yent malvada
otrossí castellanos yente muy esforçada.

263 ....
quien con él se encontrava non iva de él sano.

[Victoria.]

264 Otrossí un rico omne que dezían don Velasco
....

263d Parece ser el verso final de la estrofa.
264   Esta estrofa y tal vez alguna más estaba dedicada a enu-
merar los guerreros principales, algunos de cuyos nombres apa-
recen en el texto de la *PCG*.

265 Metían toda su fuerça en guardar su señor,
non avían de *la* muerte *nin* pesar nin dolor,
tollía les el gran*d* depdo de la muerte el pavor,
non ha*vía* p*ora* buenos deste mundo mejor.

266 Cómo todos fizieron refez es d' entender,
tanto non fizo omne con tan poco poder,
semeja poca cosa pesada d' entender,
con trezientos caveros tan gran*d* pueblo vençer.

267 Caveros e peones firme miente lidiavan,
todos cuanto podían su señor aguardavan,
cuando dezía «Casti*e*lla» todos *se* esforçavan,
los moros en tod esto las espaldas tornavan.

268 Fue les de una lid el conde acuitando,
iva s' contra la tienda d' Almozor acostando,
....

269 Llegaron *a* Almozor estos malos roídos,
sabiendo cómo eran sus poderes vençidos,
eran muchos los muertos e muchos los feridos,
avía de sus reyes los mejores perdidos.

270 Demandó su cavallo por lidiar con sus manos,
fueran í venturados caveros castellanos,
muerto fuera o preso de los pueblos cristianos,
mas non lo aconsejaron los p*oderes* paganos.

[Fuga de Almanzor.]

271 Por non vos detener en otras ledanías,
fue Almozor vençido *con* sus cavallerías,
allí fue demostrado el poder del Mexías,
el conde fue *David e* Almozor Golías.

272 Foía Almozor a guis de algarivo,
diziendo: «¡Ay, Mafomat, en mal*a* en ti fío!

265c *depdo:* fidelidad.
271a *ledanías:* narración pesada.
272a *algaribo:* injusto, inicuo, también afligido, decaído.

tod el mi gran*d* poder es muerto e cativo,
pues ellos muertos son, ¿por qué finco yo vivo?»
273   Fincaron en el canpo muertos muchos gentíos,
....
....
de los que sanos eran *estonz* fueron vazíos.

[Persecución y botín.]

274   Cuando fueron vençidos *ess*os pueblos paganos,
fueron los vençedores los pueblos castellanos;
el cond Ferrán Gonçález con todos los cristianos
fueron en su alcançe por cuestas e por llanos.

275   Rendieron a Dios graçias e a Santa María,
por que les dexó ver tamaña maravilla,
duró les el alcançe cuanto *a* medio día,
enriqueçió *s'* por sienpre la pobre alcaldía.

276   Cuando fue Almozor gran*d* tierra alexado,
fincó de *los cristianos* el canpo bien poblado,
cojieron sus averes que Dios les avía dado
tan grande aver fallaron que non sería contado.

277   Fallaron en las tiendas sobe*j*ano tesoro,
muchas copas e vasos que eran d' un fino oro,
nunca vio ta*l* riqueza *nin* cristiano nin moro,
serién ende abondados Alexander e Poro.

278   Muchas *ricas* maletas e muchos *de* çurrones,
llenos d' oro e plata que non de pepiones,
muchas tiendas de seda e muchos tendejones,
espadas e lorigas e muchas guarniçiones.

272b y c   Entre estos dos versos en el Ms. aparece este otro: «non vale tres arvejas todo tu poderío».
277a   *sobejano:* grande, abundante, enorme.
277c   *nin cristiano nin moro:* nadie.
278b   *pepiones:* moneda de poco valor.
278c   *tendejones:* tiendas de campaña.

[*Dotación de San Pedro de Arlanza.*]

279   Fallaron de marfil arquetas muy preçiadas,
con tantas de noblezas que non ser*ién* contadas,
fueron p*o*ra San Pedro las de aquellas dadas,
están oy día en su altar asentadas.

280   Tomaron desto todo lo que sabor ovieron,
más quedó de dos partes que levar non podieron;
las armas que fallaron dexar non las quisieron,
con toda su ganançia a San Pedro venieron.

281   Cuand fueron í llegados a Dios graçias rendieron,
todos chicos e grandes su oraçión fizieron,
todos por una boca «Deo gratias» dixeron,
cada uno*s* sus joyas al altar ofreçieron.

282   De toda su ganançia que Dios les avía dado,
mandó tomar el quinto el conde aventurado,
qualquier cosa le copo ovo lo bien conprado,
mandó lo dar al monje que l' diera el ospedado.

[*El conde en Burgos.*]

283   El conde e sus gentes e todos los cruzados,
a la çibdat de Burgos fueron todos llegados,
folgaron e dormieron que eran muy cansados,
demandaron maestros p*o*r sanar los llagados.

284   *Dexemos* estos í, que eran muy mal golpados.
El cond Ferrán Gonçález, de los fechos granados,
avía ya oídos unos fuertes mandados,
que avían los navarros a sus pueblos robados.

[*Cabalgada del rey navarro.*]

285   Mientra que estava el conde a Dios faziendo plazer,
lidiando con los moros con todo su poder,
el rey de los navarros ovo se a mover,
cuidó toda Casti*e*lla de robar e correr.

286   Cuando los castellanos ovieron los mandados,
bien cuidavan que nunca dellos serién vengados;

dizién: «En fuerte ora fuemos mesquinos nados,
de todos los del mundo somos desafiados.»

287   El conde castellano cuando lo ovo oído,
por poco con pesar non salió de sentido;
mas como león bravo assí dio un gemido:
«¡Aún gelo demande con mis armas guarnido!»

288   Avían los castellanos desto fiero pesar,
por que los confondía quien los devía salvar.
«Señor», dixo el conde, «quieras me ayudar,
que pueda tal sobervia aína arrancar».

[*Desafío del conde.*]

289   Al rey de los navarros envió demandar
si s' querié contra él en algo mejorar,
ca farié su mesura e el su bienestar,
si fer non lo quisiesse mandó l' desafiar.

290   Llegó al rey don Sancho aqueste mensajero.
«Omillo m'», dixo, «rey, luego de lo primero,
del conde de Casti*e*lla so yo su m*andad*ero,
dezir te he lo que t' dize, fasta lo postrimero.

291   Sepas que ha de ti el conde gran*d* querella,
que te lo gradesçría si le sacasses della,
qu*e* traxiste a Casti*e*lla gran*d* tienpo a la pella,
dos vezes en el año veniste a corrella.

292   Por fer mal a Casti*e*lla e destruir castellanos,
feziste te amigo de los pueblos paganos,
feziste guerra mala a los pueblos cristianos,
por que non quieren *ellos* meter se en las tus manos.

293   Ha de ti sobre todo esto fiera rencura,
ca feziste otra cosa que fue más desmesura,
ca mientra él corría allá a Estremadura,
feziste le atal daño que fue desapostura.

291c   *traxiste... a la pella:* empujaste de un lado para otro, za-
randeaste, te burlaste de él.
293c   *Estremadura:* la frontera con los moros.

294   Si d'aquesta querella le quisieres sacar,
         de como es derecho assí lo mejorar,
         farías tu mesura e el tu bienestar,
         si esto no quisieres manda te desfiar.»

[Negativa del rey navarro.]

295   Cuando ovo el mensajero su razón acabada,
         avía por lo que iva *la* cosa recabdada;
         fabló don Sancho e dixo su razón e vegada:
         «Non le mejoraré valía de una meaja.
296   Ermano, it al conde e dezit le el mandado,
         de él me desfiar so muy maravillado,
         tan bien como deviera non fue aconsejado,
         no s' puede bien fallar d'aqueste tal mercado.
297   Mucho l' tengo por loco e de seso menguado,
         sol por me desfiar e de ser ende osado;
         por que aquesta vez ha los moros rancado,
         por esta loçanía ha esto començado.
298   Dezit le que aína le iré yo a buscar,
         en torre nin en çerca no m' podrá escapar,
         que buscado non sea fasta dentro la mar,
         sabré por qué me osó él a mi desfiar.»

[Consejo de los castellanos.]

299   Tornó se el mensajero ya cuanto espantado,
         por que vio al rey fiera miente irado,
         contó gelo al conde, nada no l' fue çelado,
         dixo l' cómo l' avía *muy fuert* amenazado.
300   Mandó llamar el conde a todos sus varones,
         todos los ricos omnes, todos los infançones,
         tan bien a escuderos como a los peones,
         queríe de cada unos saber sus coraçones.

_____

299a   *ya cuanto:* mucho, a veces, algo.

301   Cuando fueron juntados començó de fablar,
       qualquier se lo vería que avía grand pesar:
       «Amigos, ha mester de consejo tomar,
       de guisa que podamos tal fuerça rencurar.

302   Nunca a los navarros mal *non* les meresçiemos,
       nin tuerto nin sobervia nos nunca les feziemos,
       muchos fueron los tuertos que dellos resçibiemos,
       por gelo demandar nunca sazón toviemos.

303   Cuidé que se querían contra nos mejorar,
       que los tuertos e daños querían emendar;
       la querella que avemos quieren nos la doblar,
       a mí e a vos otros envían desafiar.

304   Amigos, tal sobervia *nos* non gela suframos,
       que nos venguemos dellos e todos í muramos,
       ante que tanta cuita e tanto pesar veamos,
       por Dios, los mis vassallos, nos los acometamos.

305   En nos los cometer es nuestra mejoría,
       por cuanto ellos son mayor cavallería,
       nos non mostremos í ninguna covardía,
       en dudar nos por ellos sería grand villanía.

306   Sepades que en *la* lid non son todos iguales,
       por çient lanças se vençen las faziendas *canpales,*
       mas valen çient caveros todos d'un *cuer* iguales,
       que non fazen trezientos de los descomunales.

307   Ha í buenos e malos que non puede al ser,
       los malos que í son non podrían atender,
       aver s'han por aquellos los buenos vençer,
       veemos muchas vezes tal cosa conteçer.

308   Muchos son más que nos peones e caveros,
       omnes son esforçados *e* de pies muy ligeros,
       de asconas e dardos fazen golpes çerteros,
       traen buena conpaña de buenos *escuderos.*

309   Por esto ha menester que nos los cometamos,
       si ellos nos cometen mejoría les damos;

301d   *rencurar:* «demandar mi agravio» (Menéndez Pidal, *Re-
liquias,* pág. 176).

si ellos entendieren que nos non *los* du*b*damos,
dexar nos han el canpo ante que *los* firamos.

310   Otra cosa vos digo e vos la *entend*redes,
muerto seré e*n* pelea o en quexa m' veredes;
veré los castellanos cómo me acorredes,
menester vos será cuanta fuerça tenedes.

311   Si por alguna guisa al *rey* puedo llegar,
los tuertos que me fizo cuedo l*e* demandar,
non podría ningún omne de la muerte escapar,
non avría si él muere de mi muerte pesar.»

[Batalla de la Era Degollada.]

312   Cuando ovo el *buen* conde su razón acabada,
mandó contra Navarra mover la su mesnada;
entró les en la tierra cuanto una jornada,
falló al rey don Sancho al Era Degollada.

313   Cuando el rey vio al conde venir *a*tan irado,
enderesçó sus fazes en un fermoso prado;
el conde castellano con su pueblo *famado,*
non alongaron plazo fasta otro mercado.

314   Abaxaron las lanças e fueron a ferir,
el conde delantero como oyestes dezir;
don Sancho de Navarra cuando l' vio venir,
con sus azes paradas salió l' a resçebir.

315   Ferié entre las fazes que fronteras *estavan,*
en la part quel cond iva todos carrera l' davan,
los unos e los otros firme mientre lidiavan,
navarros con la muerte lidiavan e lazravan.

316   Tan grand era la priessa que avían en lidiar,
oié el omne a lexos las feridas sonar,
non oiría otra voz si non astas quebrar,
*e*spadas reteñir e los yelmos cor*t*ar.

312d   *Era Degollada:* Degollada es topónimo bastante fre-
cuente en la Península y Canarias. Aquí parece tratarse de un lugar
entre Nájera y Santo Domingo de la Calzada.

317   Nonbravan los navarros a «Panplona», *«Estella»*,
los firmes castellanos nombravan a «Castiella»,
nonbrava rey don Sancho a las vezes «Castiella»,
como algunos françeses a vezes echan pella.

[Muerte del rey navarro.]

318   El buen conde *e* el rey buscando s' andudieron,
fasta que un a otro a ojo se *o*vieron,
las armas que traían çerteras las fizieron,
fueron se a ferir cuant de rezio pudieron.

319   Entramos un a*l* otro tales golpes se dieron,
que fierros de las lanças a*l otra* part salieron,
nunca de cavalleros tales golpes *se* vieron,
todas sus guarniçiones nada non les valieron.

320   Cuitado fue el rey de la mala ferida,
entendió que del golpe ya perdiera la vida,
la su gran*d* valentía luego fue abatida,
man a mano del cuerpo el a*l*ma fue salida.

[El conde herido.]

321   El conde fue del golpe fiera m*i*ente *l*la*g*ado,
ca tenía gran*d* lançada por el diestro costado,
llamava «castellanos» mas ningún *fue* í *viado,*
de todos sus caveros era desanparado.

322   Tovieron castellanos que eran muy falesçidos,
todos sus buenos fechos que eran por í perdidos,
con quexa castellanos andavan muy marridos,
por que en muy grand yerro eran todos caídos.

323   Tanto tenía cad' uno en lo suyo que ver,
que non podían ningunos al conde acorrer,

317c-d   También el rey Sancho nombraba a Castilla, pero era
para burlarse, como suelen hacer los franceses.
320d   *man a mano:* al instante, enseguida.
322c   *marridos:* afligidos, tristes.
322d   Falta en el Ms., pero se ha conservado intacto en la *PCG.*

fizo les la verguença tod el miedo perder,
e ovieron por fuerça las fazes a ronper.

324   Sofriendo grandes golpes al conde allegaron,
antes que *í* llegassen *a* muchos derribaron,
muy maltrecho sin duda al *buen* conde fallaron,
de una parte e d' otra muchas *a*lmas sacaron.

325   Llegaron castellanos, al conde acorrieron,
luego que *í* llegaron sobre todos firieron,
a navarros por fuerça a fuera los fizieron,
temién que era muerto *e* gran*d* miedo ovieron.

326   Alçaron le de tierra, la ferida le vieron,
todos que muerto era bien assí lo tovieron,
por poco con pesar de seso non salieron,
como si fuesse muerto muy gran*d* duelo fizieron.

327   Firieron en navarros, del conde los tiraron,
sobre un buen cavallo a *su señor* alçaron,
la sangre de la cara toda gela alimpiaron,
....

328   Todos como de nuevo a *llor*ar començaron.
....

[Victoria de los castellanos.]

329   Cuitaron los afirmes, davan lid presurada,
reteñían en los yelmos mucha *fuert* cuchillada,
davan e resçebían mucha buena lançada,
davan e resçebían mucha buena porrada.

330   Non vos queremos más la cosa alongar,
ovieron los navarros el canpo a dexar,

327d   Falta este verso en el Ms.
328a   Por el contenido de la *PCG* es evidente que en el Ms. fal-
tan los tres versos finales de la estrofa 328: «Mas el conde, como
era omne de gran coraçón et muy esforçado, dizíeles que non era
mal ferido, et que penssassen de lidiar et de vençer el campo, ca
muerto avie éll al rey don Sancho.» (pág. 397).
329a   *afirmes:* firmemente, fuertemente.
329d   *porrada:* golpes con la porra, arma ofensiva.

ovo el rey don Sancho *muerto* í a fincar,
mandó l' luego el conde a Nájera levar.

331   Dexemos a don Sancho —perdón le el Criador—
los navarros maltrechos llorando a su señor,
avían de vengar se todos fuerte sabor,
salieron al buen conde todos por su amor.

[El conde de Tolosa viene contra Castilla.]

332   El conde *de* Piteos e conde de Tolosa,
—pariente era del rey, esto es çierta cosa—
tomó de sus condados conpaña muy fermosa,
movió p*o*ra Casti*e*lla en ora muy astrosa.

333   *E*l conde non vio *por* a la lid llegar,
pero cuando lo sopo non quiso detardar,
al buen rey de Navarra cuidó lo *bien* vengar,
al puerto de Getarea ovo *de* arribar.

334   Los navarros al conde todos a él se llegaron,
cómo fue la fazienda todo gelo contaron:
cuántos fueron los muertos, cuántos los que fincaron,
cómo a él enantes dos días le esperaron.

335   El conde de Tolosa dio les muy gran *con*fuerto,
coidó con esse fecho con el salir a puerto,
....
«ca me han castellanos fecho *este* grand tuerto».

[Los castellanos quieren paz.]

336   El conde don Fernando avía lo ya oído
cómo era aquel conde al puerto ya venido;
el conde don Fernando, maguer *tan* mal ferido,
atal como estava p*o*ra allá fue ido.

332a   *Piteos, Tolosa:* Poitu, Toulouse.
332d   *astrosa:* desafortunada, desastrada, en el sentido de: con-
tra el dictamen de los astros.
333d   *Getarea:* cfr. estrofa 138b.

337 Los vassallos del conde tenién se por errados,
eran contra el conde fuerte miente irados,
eran de su señor todos muy despagados,
por que avían por fuerça sienpre d' andar armados.

338 Folgar non les dexava nin estar segurados,
dizién: «Non es *tal* vida si non pora pecados,
que andan noche e día e nunca son cansados,
él semeja a Satán e nos a sus *cria*dos.

339 Por que lidiar queremos e tanto lo amamos,
nunca folgura avemos *sol* cuando almas sacamos,
los de la uest antigua *a* aquellos semejamos,
ca todas cosas cansan e nos nunca cansamos.

340 Non ha duelo de nos que sofrimos tal vida,
nin lo ha de sí mismo que tiene ta*l* ferida,
si, ¡mal pecado!, muere, Castiella es perdida;
nunca tomaron omnes *a*tan mala caída.»

341 Ovieron *su* acuerdo que non gelo *sufrie*ssen,
que lo que bien non era luego gelo dixessen,
que por gran*d* loçanía en yerro non cayessen,
que por mala codiçia su señor non perdiessen.

[Discurso de Nuño Laínez.]

342 Dixo Nuño Laýno: «Señor, si tu quisieres,
si a ti semeja*re* o tu por bien tovie*res*
que estés *aquí* quedo fasta que guaresçie*res*,
que por mala codiçia en yerro non caye*res*.

343 Non sé omne en el mundo que podiesse endurar
la vida que avemos nos e vos a passar;
la *v*uestra gran*d* codiçia non nos dexa folgar,
avemos la mesura por aquí d' olvidar.

344 Non recuden las cosas todas a un logar,
deve aver el omne gran*d* seso en lidiar,

337a *errados:* en el error, confundidos.
339c *uest antigua:* ejército de demonios («hostis antiqua»).
344a *recuden:* acudir, confluir, coincidir.

si non podrá aína grande yerro tomar,
podría tod el grand prez por í lo astragar.

345   Los vientos que son fuertes veemos los cansar,
la mar que es irada veemos la amansar,
el diablo non cansa nin puede folgar,
quiere la nuestra vida a la suya semejar.

346   Dexa folgar tus gentes, e a ti mesmo sanar,
tienes muy fuerte llaga, dexa la tu folgar,
dexa venir tus gentes ca aún son por llegar,
muchos son por venir, deves los esperar.

347   Tú serás a diez días del golpe bien guarido,
e será el tu pueblo a ese plazo venido,
poner t'as en el canpo con tu pueblo guarnido,
será muerto o preso, desto so bien creído.

348   Señor, dicho te he lo que t' dezir quería,
mejor consejo deste, señor, yo non sabría,
non tengas que lo digo por nulla covardía,
querría te aguardar como a alma mía.»

[*Réplica del conde.*]

349   Cuando ovo acabada don Nuño su razón,
començó el buen conde, esse firme varón;
avía grand conplimiento del sen de Salamón,
nunca fue Alexandre más grand de coraçón.

350   Dixo: «Nuño Laýnez, buena razón dixestes,
las cosas como son assí las departiestes,
d' alongar esta lid, creo que assí dixestes,
quien quier que vos lo dixo vos mal lo aprendiestes.

351   Non deve el que puede esta lid alongar,

347c   *guarnido:* armado, protegido.
348d   *aguardar:* proteger.
349c   *conplimiento:* provisión, abasto, cantidad; *sen de Sala-
món:* sentido, juicio de Salomón.
349d   *Alexandre:* el gran héroe de la antigüedad, objeto del *Li-
bro de Alexandre,* contemporáneo del *Poema* y como éste pro-
ducto también del *mester de clerecía.*

quien tiene buena ora otra quiere esperar,
un día que perdemos no l' podremos cobrar,
jamás en aquel día non podemos tornar.

352   Si el omne el su tienpo en valde quier passar,
non quiere deste mundo otra cosa levar,
si non estar viçioso e dormir e folgar,
deste tal muer su fecho quando vien a finar.

353   El viçioso e el lazrado amos han de morir,
el uno nin el otro non lo puede foir,
quedan los buenos fechos, estos han de vesquir,
dellos toman enxienplo los que han de venir.

354   Todos los que grand fecho quisieron acabar,
por muy grandes trabajos ovieron a passar,
non comién quand querién nin çena nin yantar,
los viçios de la carne avién d' olvidar.

355   Non cuentan d' Alexandre las noches nin los días,
cuentan sus buenos fechos e sus cavallerías,
cuentan del rey Davit que mató a Golías,
de Judas Macabeo fijo de Matatías.

356   Carlos e Valdovinos, Roldán e don Ojero,
Terrín e Gualdabuey, Arnald e Olivero,
Torpín e don Rinaldos e el gascón Angelero,
Estol e Salomón, otro su conpañero.

357   Estos e otros muchos que non vos he nonbrados,
por lo que ellos fizieron serán sienpre ementados,
si tan buenos non fueran oy serién olvidados,
serán los buenos fechos fasta la fin contados.

358   Por tanto ha mester que los días contemos,
los días e las noches en qué los espendemos,

352d   *muer:* muere.
353a   *amos:* ambos.
356   Personajes de la *Chanson de Roland* probablemente conocidos a través de la *Crónica de Turpín*, o tal vez directamente de la *Chanson de Roland* de la cual circulaban varias versiones en España, como el perdido *Roncesvalles.*
357b   Falta en el Ms. Reconstruido sobre el texto de la *PCG; ementados:* recordados.

cuantos en valde passan nunca los cobraremos,
amigos, bien lo vedes que mal seso faze*mos*.»

359   Caveros e peones ovo los de vençer,
a cosa quel dezía non sabían responder,
cuanto él por bien tovo ovieron lo a fazer,
su razón acabada mandó luego mover.

[Batalla en el vado del Ebro.]

360   El conde don Fernando con toda su mesnada,
llegaron a un agua muy fuerte e muy irada,
Ebro l' dixeron sienpre assí es oy llamada,
vieron se en gran*d* rebate que fues í su posada.

361   Tovieron *la* ribera tolosanos guardada,
non dieron castellanos por esso todo nada,
dando e resçebiendo mucha buena lançada,
ovieron much aína el agua travessada.

362   Ovieron gran*d* rebato en passar aquel vado,
ovo de petavinos gran*d* pueblo derribado,
maguer *que* non querían bevían mal de su grado,
dellos se afogavan, dellos salían a nado.

363   Abrió por medio l' agua el conde la carrera,
ovieron tolosanos a dexar la ribera;
ordenó las sus azes en medio d' una glera,
fue los acometer d' una estraña manera.

364   Cuando ovo el *buen* conde el *río* atravessad*o*,
ferió luego en ellos como venía irado;
al que él alcançava much era de malfado,
dél iva a sus parientes aína mal mandado.

365   El conde don Fernando, de *coraçón loçano*,
firié en pitavinos e fazié les gran*d* daño,
rompía les guarniçiones como si fuesse*n* paño,
non les valía esfuerço nin les valía engaño.

360d *rebate:* sobresalto, peligro.
362b *petavinos:* de Poitou.
363c *glera:* arenal.

366   Acorrían le luego *los* sus buenos varones,
ca tenía í muchos *de* buenos infançones,
d' un logar eran todos e d' unos coraçones,
lazravan tolosanos e lazravan gascones.

367   Pero como eran muchos ivan los acoitando,
iva de fiera guisa la lid escalentando,
iva se d' om*ne*s muertos *es*sa glera poblando,
maltraié los afirmes el conde don Fernando.

368   Andava por *las* azes muy fiera miente irado,
por que non los venç*í*a andava muy cuitado,
dixo: «Non puede ser aunque pes al pecado,
no *s'* pueden tolosanos fallar bien dest mercado.»

369   Metió se por las azes muy fuerte espoleando,
la lança sobre mano, su pendón alçando.
«¿Dónde estás, el buen conde?» assí iva vozes dando.
«¡Sal *lidiar* acá al canpo! ¡cata aquí a don Fernando!»

370   Antes que ellos amos veniessen a feridas,
las gentes tolosanas todas fueron foídas;
nunca ningunas gentes fueron tan mal fallidas,
ca fueron en gran*d* miedo e en mal preçio metidas.

371   Fueron todos foídos por una gran*d* montaña,
fincaron con el conde muy poca *de* conpaña,
nunca fue el tolosano en quexa atamaña,
ca el cond de Casti*e*lla le tenía fuerte saña.

[Muerte del conde de Tolosa.]

372   El conde de Tolosa mucho fue espantado,
ca vio a don Fernando venir mucho irado,
por no tener *la* gente que era desmanparado,
con sus armas guarnido salió luego *apartado*.

373   El conde don Fernando, omne sin crueldat,
olvidó con la ira mesura e bondat,

370a-b   Entre esos dos versos en el Ms. hay otros: «con las voçes
de don Fernando las gentes eran desmaiadas», resultando así una
estrofa de cinco versos.
370c   *fallidas:* faltas de algo, menguadas, engañadas.

fue ferir al *buen* conde d' ira e de voluntat,
non dudó de ferir lo sin nu*l*la piedat.

374   El conde castellano, guerrero natural,
ferió al tolosano de ferida mortal,
cuitado fue el gascón de la ferida mal,
dixo a altas vozes: «¡Santa María, val!»

375   El conde de Tolosa assí fue mal ferido,
fue luego del cavallo a tierra abatido,
dezir non pudo nada ca fue luego transido;
luego cuand él fue muerto su pueblo fue vençido.

376   Caveros tolosanos *muy apriessa fuyeron,*
pero los castellanos trezientos í prendieron,
muchos fueron los otros que estonçes í morieron,
estonçes castellanos en *grand* preçio sobieron.

[Honras fúnebres.]

377   Ahe el conde argulloso, de coraçón loçano,
oiredes lo que fizo al conde tolosano:
desguarneçió l' el cuerpo él mismo con su mano,
no l' fizo menos honra que si fue*s* su ermano.

378   Cuando l' ovo *el conde* de todo despojado,
levó l*e* e vestió l' d' un xamete preçiado,
echó l' en un escaño sotil mientre labrado,
óvo l*o* en la batalla de Almozor ganado.

379   El conde castellano con todo su consejo,
fizo l' *un* ataut bien obrado sobejo,
guarnido rica m*i*ente de un paño bermejo,
de clavos bien dorados que luz*i*én como espejo.

380   Mandó a sus vassallos de la presión sacar,
mandó les que veniessen su señor aguardar,
a grandes e a chicos todos fizo jurar
que dél non se partiessen fasta en su lugar.

377a   *Ahe:* he aquí.
378b   *xamete:* seda, tela preciosa.
379b   *sobejo:* excelente, exquisito.
380b   *aguardar:* hacer guardia, acompañar, custodiar.

381 Mortajaron el cuerpo como costunbre era,
d' unos paños preçiados, ricos de grand manera,
dio les que despendiessen por toda la carrera,
mandó les dar mill pesos, fechos çirios de çera.

382 Cuando ovo el conde el cuerpo mortajado,
el ataut fue preso, de clavos bien çerrado,
fue sobre un azémila aína aparejado,
mandó que lo levassen luego a su condado.

383 Tolosanos mesquinos, llorando su malfado,
sus caras afiladas, pueblo mal deserrado,
llegaron a Tolosa, cabeça es del condado,
fue como de primero el llanto renovado.

[Almanzor vuelve con mayor ejército.]

384 Dexemos tolosanos tristes e deserrados,
ya eran en Tolosa con su señor llegados;
tornemos en el conde, de los fechos granados,
como avía oído*s* otros malos mandados.

385 Que venía Almozor con muy fuertes fonsados,
çiento e treinta mill caveros lorigados,
non serían los peones nu*ll*a guisa contados,
estavan çerca Lara en Muño ayuntados.

386 Cuando fue Almoçore la otra vez vençido,
con grand pesar que ovo a Marruecos fue ido,
mandó por toda Africa andar el apellido,
e fue como a perdón tod el pueblo movido.

387 *Los* turcos *e* alárabes, essas gentes ligeras,
que son p*or* en batallas unas gentes çerteras,
que traen arcos de nervios e ballestas çerberas,
destos venién llenos senderos e carreras.

388 Venién los almo*h*ades e los ave*n*marinos,
traí*en* en sus camellos sus fornos e molinos,

387c çerveras: envenenadas, que se arrojaban a los ciervos, de
ahí *cerveras*.
388a *avenmarinos:* benimerinos.

venién los moros todos de oriente vezinos,
de todos estos *eran* cobiertos los caminos.

389   Venién í destas gentes sin cuento e sin *tiento,*
non eran d' un logar nin d' un entendimiento,
más feos que Satán con todo su conv*i*ento,
cuando sal del infierno suzio e carv*o*niento.

390   Cuando fueron juntados *e* passaron la mar,
arribaron al puerto que dizen Gibraltar,
coidó se Almoçor del buen conde vengar,
por amor d' acabar lo no s' podía dar vagar.

391   Córdova e Jaen con toda Andaluzía,
Lorca e Cartajena con toda Almaría,
de muchas otras tierras que nonbrar non sabría,
ayuntó Almoçor muy gran*d* cavallería.

[Acampa las huestes en Hacinas.]

392   Cuando fueron juntados començó a venir,
bien coidó a España sin falla conquerir,
e quel cond castellano non se l' podría foir,
que l' faría en presión muerte mala morir.

393   *E* eran en Fazinas ya la gente maldita,
todos los castellanos *eran* en Piedrafita,
el conde —la su alma de pena sea quita—
fue se p*o*ra San Pedro a essa su ermita.

394   Cuando fue al ermita el conde allegado,
demandó por su monje, don Pelayo llamado,
dixeron le por nuevas que era ya finado,
ocho días avía ya que era soterrado.

393a   *Fazinas:* Hacinas, localidad a 4 kms. al sur de Salas de los
Infantes.
393b   *Piedrafita:* Piedrahíta de Muñó, a 6 kms. al norte de Salas.
393d   *San Pedro:* se trata del famoso monasterio de San Pedro
de Arlanza.

[El conde en la ermita de Arlanza.]

395   Entró en la ermita con muy gran*d* devoçión,
fincó los *sus* finojos, e fizo su oración,
de los ojos llorando fizo su petiçión:
«Señor, tu me *a*guarda de yerro e d'ocasión.

396   Señor por *grand* amor de fer a ti serviçio,
passo mucho lazerio e dexo mucho viçio,
con est cuerpo lazrado fago te s*a*crifiçio,
con moros e cristianos meto me en gran*d* bolliçio.

397   Los reyes de España con derecho pavor,
olvidaron a ti, que eres su Señor,
tornaron se vassallos del rey Almoçor,
....

398   *E yo quando vi que ellos fueron en tal error,*
e por miedo de muerte fizieron lo peor,
nunca de su conpaña después ove sabor,
por fer a ti serviçio non quise más su amor.

399   Finqué yo entre todos solo e desanparado,
non ove miedo *de* muerte nin quis aquel *pecado,*
cuando ellos veyeron que era apartado,
luego fui dellos todos muy fuerte amenazado.

400   Llegaron me las cartas a Muño esse día,
venieron mesajeros çinco en aquel día,
como me amenazavan reyes d'Andaluzía,
por que de los d'España yo solo me erzía.

401   Ovieron sus poderes sobre mi d'ayuntar,
unos venién por tierra, otros venién por mar,
querrién, si podiessen, deste si*e*glo m' sacar,
quesiste m' tu, Señor, valer e ayudar.

402   Vençí los e maté los, Señor, con tu poder,
nunca fui contra ti, segunt mi entender,
tengo me por pagado si t' fiz algún plazer,
bien tengo que non has por qué me falesçer.

403   Por las *tus* escrituras que dixo Isaías,

_____

400d   *erzía:* erguía, levantaba.

que a los tus vassallos nunca los falesçrías,
Señor, tu siervo so con mis cavallerías,
no m' partiré de ti en todos los mis días.

404   Mas he *yo* menester, Señor, la tu ayuda,
Señor, sea por ti Casti*e*lla defend*u*da,
toda tierra de Africa sobre mi es ven*u*da,
anparar non la p*u*edo, Señor, sin la tu ayuda.

405   Por fuerza nin por seso que yo podiese aver,
non la podría por guisa ninguna defender,
Señor, da me esfuerço *e* seso e poder,
qu*e* pueda a Almoçor o matar o vençer.»

[Aparécesele San Pelayo.]

406   Teniendo su vegilia, con Dios se razonando,
un sueño muy sabroso *a*l conde fue tomando,
con sus armas guarnido assí s' fue acostando,
la carne adormida, assí yaze soñando.

407   Non podrié el *buen* conde aún ser bien adormido,
el monje san Pelayo de suso l' fue venido,
de paños com el sol todo venía vestido,
nunca más bella cosa viera omne nasçido.

408   Llamó le por su nonbre al conde don Fernando,
dixo l': «¿Due*r*mes o cómo estás assí callando?
Despierta, ve tu vía, ca te crez oy gran*d* bando,
ve te p*o*ra el tu pueblo que te está esperando.

409   El Criador te otorga cuanto pedido l' has,
en los pueblos paganos gran*d* mortandat farás,
de tus buenas conpañas muchas í perderás,
pero con tod el daño el canpo le vençrás.

410   Aún te dize más el alto Criador,
que tu eres su vassallo e él es tu Señor,
con los pueblos paganos lidias por su amor,
manda te que te vayas lidiar con Almoçor.

411   Yo seré í contigo que m' lo ha otorgado,

407b   *de suso:* de arriba, de lo alto.

í será el apóstol, Santiago llamado,
enviar nos ha *don* Cristo valer a su criado,
será con tal ayuda Almoçor enbargado.

412   Otros vernán í muchos como en visión,
en blancas armaduras ángeles de Dios son,
traerá cada uno la cruz en su pendón,
moros cuando nos vieren perdrán el coraçón.

413   Amigo, dicho te he lo que a mi mandaron,
vo me pora aquellos que m' acá enviaron.»
Dos ángeles fermosos de tierra lo alçaron,
faziendo alegría al çielo lo levaron.

414   Despertó don Fernando con *derecho pavor:*
«¡Qué puede ser aquesto! ¡Vala me el Criador!
Pecado es que m' quiere echar en *yaque* error.
Cristo, yo tuyo so, guarda me tu, Señor.»

[Aparécesele San Millán.]

415   Estando en el sueño que soñara pensando,
oyó una gran*d* voz que le estava llamando:
«Lieva dend, ve tu vía, el conde don Fernando,
Almoçor te espera con el su fuerte *bando.*

416   Non tardes, ve tu vía, si non tuerto me fazes,
por que tanto me tardas en gran*d* culpa me *yazes,*
no l' des ninguna tregua nin fagas con él pazes,
a todo el tu pueblo fazer lo has tres fazes.

417   Tu entra con los menos de partes d'oriente,
entrante *de* la lid ver m' has vesible mente;
manda entrar la otra faz de parte d'oçidente,
í será Santiago, esto sin fallimen*te.*

418   Entre *el* otra terçera de partes d'aquilón,
vençremos, *non lo dubdes,* a este bravo león,

411d   *enbargado:* turbado, abrumado.
414c   *pecado:* el demonio; *yaque:* en algún error.
415c   *Lieva dend:* levántate; *ve tu vía:* ponte en camino.

farás tu si esto fazes, a guisa de Sansón,
cuando con las *sus* manos lidió con el bestión.

419   Non quiero más dezir te, lieva dend, ve tu vía.
¿Quieres saber quién trae esta mensajería?
Millán so *yo* por nonbre, Jesucristo me envía,
durará la batalla fasta terçero día.»

420   Cuando ovo don Fernando todo esto oído,
el varón don Millán a los çielos fue ido,
fue luego del ermita el buen conde espedido,
torno s' a Piedrafita donde él fuera salido.

[Enojo de los castellanos.]

421   Cuando llegó el conde a su buena conpaña,
fablaron sus vassallos todos con fuerte saña,
maltraían le tanto que era gran*d* fazaña,
....

422   Com eran malincónicos todos con gran*d* despecho,
de chicos e de grandes, de todos fue maltrecho.
«Fazés», dixeron, «conde, sin guisa *muy* malfecho,
si algún yerro tomás será muy gran*d* derecho.

423   Assí como ladrón que anda a furtar,
assí solo señero te amas apartar,
cuando nos te buscamos no t' podemos fallar,
abremos sol por esto algún yerro tomar.

424   Por que tanto t' sofrimos por end somos peores,
pedimos te merçed non nos fagas traidores,
ca non lo fueron nunca nuestros anteçessores,
non ovo en mundo más leales nin mejores.»

[El conde les promete auxilio celeste.]

425   Cuando a toda su guisa lo ovieron maltraído,
díxoles don Fernando: «¡Por Dios sea oído!

419d   Reconstruido sobre el texto de la *PCG*.
423b   *señero:* solo.

De cuanto que yo fize non so arrepentido,
no m' devedes tener assí por tan fallido.

426   Fui yo a la ermita por mío amigo ver,
por yo e él en uno amos aver plazer,
cuando fui allá llegado demandé dél saber,
dieron m' por nuevas que era en ageno poder.

427   Sope yo cómo era mi amigo finado,
mostraron me el logar do seié soterrado,
rogué a Jesu Cristo, si él fizo algún pecado,
por la su grand mesura quel sea perdonado.

428   Entrante de la puerta allí fiz mi oraçión,
tal cual me dio Dios seso y m' metió en coraçón;
vino a mi el monje como en visión.
«Despierta», diz, «amigo, hora es e sazón».

429   Dixo me lo en sueños e non lo quis creer,
desperté e non pude ninguna cosa ver,
oí una grand voz del çielo desçender,
voz era de los santos según mi entender.

430   Esta es la razón que la voz me dezía:
«Conde Fernán Gonçález, lieva dend, ve tu vía,
tod el poder de Africa e del Andaluzía,
vençer lo has en el canpo deste terçero día.»

431   Dixo m' que mal fazía por tanto que tardava
a aquel Rey de los Reyes por cuyo amor lidiava,
que fuesse e non tardasse contra la gent pagana,
que ¿por qué avía miedo pues que él me ayudava?

432   Otras cosas me dixo que me quiero callar,
sería grand alongança de todo lo contar,
mas vos aver lo hedes aína de provar,
fasta que lo provedes aver me he de callar.

433   En aquella ermita fui bien aconsejado
del monje frey Pelayo, siervo de Dios amado,
que por el su consejo Almozor fue rancado,
fui le a buscar agora e fallé l' soterrado.

434   Fasta que lo sepades como yo l' fui a saber,

425d   *fallido*: fallar, faltar: no complir con algo.

por end non me devedes por fallido tener,
aguardar vos querría a todo mi poder,
de por mengua de mí en yerro non caer.

[*Arenga del conde.*]

435   De Dios e de los omnes mester *nos* ha consejo,
        si non los afincamos fer nos han mal trebejo,
        traié rey Alexandre muy grand pueblo sobejo,
        mas nunca en la su vida ayuntó tal conçejo.

436   Mill ha í pora uno, esto bien lo sabemos,
        dicho es que ha mester que consejo tomemos,
        maguer fuir queramos fazer non lo podemos,
        assí como los peçes enredados yazemos.

437   Aragón e Navarra, e todos pitavinos,
        si en quexa nos vieren non nos serán padrinos,
        non nos darán salida por ningunos caminos,
        mal nos quieren de muerte todos nuestros vezinos.

438   Si nos, por mal pecado, fuéremos arrancados,
        los nuestros enemigos serán de nos vengados,
        seremos nos cativos, fambrientos e lazrados,
        serán los nuestros fijos de moros cativados.

439   Los fijos e las fijas que nos tanto queremos,
        ver los hemos cativos, valer non los podremos,
        do nos mandaren ir, por fuerça allá iremos,
        nuestros fijos e fijas jamás non los veremos.

440   Es desanparado de todo bien el cautivo,
        mas dize muchas vezes que non querría ser *vivo,*
        dize: Señor del mundo, ¿por qué me eres esquivo,
        que me fazes vevir lazrado e perdido?

441   Ligera cosa es la muerte de passar,
        muerte de cada día muy mala es d' endurar,

435b   *trebejo:* burla, juego, escarnio.
435c-d   Entre ambos versos hay otro en el Ms.: «eso mesmo
Almazorre fuerte pueblo moresno», que enlaza a *c-d* dando mayor
sentido a este último.

sofrir tanto lazerio e ver tanto pesar,
ver los sus enemigos lo suyo heredar.

442   Contesçe esso mismo con la gent renegada,
heredan nuestra tierra e tienen la forçada;
mas endreçar s' ha la rueda que está trestornada,
serán ellos vençidos, la fe de Cristo onrada.

443   Non es dicha fortuna ser sienpre en un estado,
uno ser sienpre rico e otro ser menguado;
camia estas dos cosas la fortuna priado,
al pobre faze rico e al rico menguado.

444   Quiere fazer las cosas assí el Criador,
de dar e de quitar él es el fazedor,
por entender quél es sobre todos mejor,
el que suel ser vençido será el vençedor.

445   A tal Señor com este devemos nos rogar,
por la su grand mesura que nos quiera ayudar,
en él nos está todo, caer o levantar,
ca sin él non podemos nulla cosa acabar.

446   Amigos, lo que digo bien entender devedes,
¿si fuéremos vençidos qué consejo prendredes?
Morredes como malos, la tierra perderedes,
si esta vez caedes non vos levantaredes.

447   De mí mismo vos digo lo que cuedo fazer:
nin preso nin cabtivo non me dexaré ser,
maguer ellos a vida me quisieran prender,
matar me he yo antes que sea en su poder.

448   Todo aquel de vos otros que del canpo saliere,
o con miedo de muerte a presión se les diere,
quede por alevoso qui tal fecho fiziere,
con Judas en infierno yaga cuando moriere.»

449   Cuando esto oyó el su pueblo loçano,
todos por una boca fablaron muy priado:
«Señor, lo que tu dizes sea de nos otorgado,
el que fuyere de nos yaga con Judas abraçado.»

443c   *camia:* cambia; *priado:* rápidamente, al instante.
447a   *cuedo:* pienso, tengo proyectado hacer.

450   Cuando ovo el conde dichas estas razones,
       —antes tenién todos duros los coraçones—
       fueron *muy* confortados caveros e peones;
       mandó cómo fiziessen essos grandes varones.

[Las haces cristianas. Gustio González en la delantera.]

451   Mandó que fuessen prestos otro día mañana,
       fuessen puestas las azes en medio de la plana,
       todos fuessen armados a primera canpana,
       darían lid canpal *a* aquella gent pagana.

452   A *don* Gustio Gonçález, el que de Salas era,
       a él e a sus fijos dio les la delantera,
       con ellos don Velasco que era *dessa ribera,*
       q*ue* por miedo de muerte non dexaría carrera.

453   Entró Gonçalo Dí*az* en esta misma haz,
       era en los consejos bueno de toda paz,
       era p*or* en faziendas crudo como agraz,
       quiquier lo demandás *f*allar lo ié de faz.

454   Dos sobrinos del conde, valientes e ligeros,
       fiziera los el conde estonçes cavalleros,
       devieran ser contados estos en los primeros,
       fueron éstos llamados los lobos carniçeros.

455   Los que Gustio Gonçález avía d' acabdillar,
       dozientos fueron estos caveros de prestar,
       estos mandó el conde por una parte entrar,
       de cuales ellos fueron no'*s* podrían mejorar.

456   Dio les seis mill peones p*or*a la delantera,
       omnes de la Montaña, gente fuerte e ligera,
       si bien guisados fuessen como mester les era,
       por tres tantos de moros non dexarién carrera.

457   Dexemos esta faz toda *muy* bien parada,

451c   *a primera campana:* al amanecer.
456d   *por tres tantos:* por tres veces más.

non podrié el cabdiello mejorar se por nada,
serié por nulla fuerça a duro quebrantada,
ya era en tod esto la otra haz guisada.

[Segunda haz, Lope el Vizcaíno.]

458   Fue dado por cabdiello *don* Lope el vizcaíno,
bien rico de mançanas, pobre de pan e vino;
en essa haz fue contado fijo de don Laýno,
e otro de la Montaña que dizíen don Martino.

459   Avíe de buroveses, e otrossí treviñanos,
caveros bien ligeros, de coraçón loçanos,
de Castiella la Vieja ovo í castellanos,
que muchos buenos fechos fizieron por sus manos.

460   Venién í de Castro unas buenas conpañas,
venién í con ellos otros de las montañas,
fueron í estorianos, gentes muy bien guisadas,
muy buenos eran d' armas bien complidos de mañas.

461   Venían estos caveros en la haz mediana,
estos *eran* dozientos de la flor castellana,
todos fueron en canpo otro día mañana,
essa fue pora moros una negra semana.

462   Dio les seis mill peones con que los conbatiessen,
peones con peones en uno los partiessen,
que cuando los peones carrera les abriessen,
entrarían los caveros mejor por do podiessen.

457c   *a duro:* a penas, difícilmente.
458c   *Laýno:* Laín Calvo, abuelo del Cid, su *fijo* (hijo) habría sido Diego Laínez, padre del Cid, que vuelve a aparecer en la estrofa 505a.
458d   *Martino:* era hijo de Martín González, el que crió a Fernán González, según la *Crónica de Arredondo* (cfr. Marden, pág. 183).
459a   *buroveses:* de la Bureva, región de Burgos; *treviñanos:* de Treviño, pueblo de la provincia de Burgos, hoy enclavado en la de Álava.
460a   *Castro:* Castrojeriz.
460c   *estorianos:* asturianos.

[Tercera haz, el conde.]

463   El conde don Fernando, de los fechos granados,
ovo veint escuderos en esse día armados,
estos con el buen conde en haz fueron entrados,
por todos çinqu*a*enta, non más fueron contados.

464   Ruy Cavia e Nuño, de los d' *al*foz de Lara,
venían í los serranos, gentes que *é*l poblara
en una sierra fuerte quél de moros ganara,
venían í los Velascos que esse día armara.

465   Venién tres mill peones, todos de buena *gente*,
que por miedo de muerte non farían fallimente;
maguer fuessen buscados de partes d' oriente,
non fallarían mejores fasta en oçidente.

466   Consejó les a todos de cual guisa fiziessen:
si el día primero vençer non los podiessen,
que s' *ti*rassen afuera cuando el cuerno oyessen,
a la seña del conde todos se acoj*i*essen.

467   Cuando ovo el *buen* conde su cosa aguisada,
sus azes bien paradas, su gente ordenada,
sabié bien cada uno çertera entrada,
tornaron a sus tiendas, cad' un a su posada.

[La noche. Prodigio de la sierpe ardiente.]

468   Çenaron e folgaron essa gente cruzada,
todos a Dios rogaron con voluntad pagada,
que í les ayudasse la *su* virtud sagrada,
les guardas' de verguença, les dies' victoria ondrada.

469   Vieron aquella noche una muy fiera cosa,
venié por el aire una sierpe rabiosa,
dando muy fuertes gritos la fantasma astrosa,
toda venié sangrienta, bermeja como rosa.

464a   *alfoz:* distrito, comarca con fuero propio.
468d   Verso reconstruido por Menéndez Pidal.

470   Fazía ella senblante que ferida venía,
semejava en los gritos que el çielo partía,
alunbrava las uestes el fuego que vertía,
todos ovieron miedo que quemar los venía.

471   Non ovo ende ninguno que fues tan esforçado,
que grand miedo non ovo e *non* fuesse espantado;
cayeron muchos omnes en tierra del espanto,
ovieron muy grand miedo tod el pueblo cruzado.

472   Despertaron al conde que era ya dormido,
ante que él veniesse el culuebro era ido,
falló tod el su pueblo como *muy* desmaído,
demandó del culuebro cómo fuera venido.

473   Dixeron gelo todo de cual quisa veniera,
como cosa ferida que grandes gritos diera,
vuelta venía en sangre aquella bestia fiera,
maravilla la tierra non la ençendiera.

474   Cuando gelo contaron assí como lo vieron,
entendió bien el conde que grand miedo ovieron,
que esta atal figura diablos la fizieron,
a los pueblos cruzados revolver los quisieron.

475   A los moros tenía que venía ayudar,
coidavan sin dubda a cristianos espantar,
por tal que los cruzados se ovieran a tornar,
quisieran en la ueste algún fuego echar.

[Explicación del conde.]

476   Mandó a sus varones el buen conde llamar,
cuando fueron juntados mandó los escuchar,
que él dería qué quería la serpient demostrar,
luego de estrelleros començó de fablar.

477   «Los moros, bien sabedes, que s' guían por estrellas,
non se guían por Dios, que se guían por ellas,
otro Criador nuevo han fecho ellos dellas,
diz que por ellas veen muchas de maravellas.

476d   *estrelleros:* astrólogos, nigromantes.

478   Ha í otros que saben muchos encantamientos,
fazen muy malos gestos con sus espiramientos,
de revolver las nuves e revolver los vientos,
muestra les el diablo estos entendimientos.

479   Ayuntan los diablos con sus conjuramientos,
aliegan se con ellos e fazen sus convientos,
dizen de los passados todos sus fallimientos,
todos fazen conçejo los falsos carbonientos.

480   Algún moro astroso que sabe encantar,
fizo aquel diablo en sierpe figurar,
por amor que podiesse a vos *mal* espantar,
con este tal engaño cuidando nos torvar.

481   Como sodes sesudos bien podedes saber
qu*e* él non ha poder de mal a nos fazer,
ca tolló le *don* Cristo el su fuerte poder,
veades que son locos los quél quieren creer.

482   Que es *de* tod el mundo en uno el poder,
que *a* él sólo devemos todos obedeçer,
ca él es poderoso de dar e de toller,
atal Señor com este devemos nos temer.

483   Quien este Señor dexa e en la bestia fía,
tengo que es caído a Dios en *muy* gran*d* ira,
anda en fallimiento la su alma mesquina,
cuantos que assí andan el diablo los guía.

484   Tornemos en lo al que agora estamos,
trabajado avemos, mester es que durmamos,
con ellos en el canpo cras mañana seamos,
todos en su logar assí como mandamos.»

478b   *espiramientos:* conjuros.
479b   *aliegan se:* se juntan, se reúnen.
479d   *carbonientos:* malvados, infernales.
480d   *torvar:* turbar, espantar.
484c   *cras mañana:* mañana por la mañana.

[El amanecer.]

485   Fueron a sus posadas, *ech*aron *se* a dormir,
començaron las alas los gallos a ferir,
levantaron se todos, missa fueron a oir,
confessar se a Dios, pecados descubrir.

486   Todos grandes e chicos su oración fizieron,
del mal que avían fecho todos se arrepentieron,
la ostia consagrada todos la resçebieron,
todos de coraçón a Dios merçed pedieron.

487   Era en todo esto el día allegado,
entraron en las armas tod el pueblo cruzado,
las fazes fueron puestas como les *fue* mandado,
bien sabié cada uno su lugar señalado.

[Comienzo de la batalla.]

488   Fueron todas las gentes en un punto guarnidas,
movieron p*o*ra ellos todos por sus partidas,
las hazes fueron puestas, mezcladas las feridas,
ovo de cada parte muchas gentes caídas.

489   El conde don Fernando, este leal cabdi*e*llo,
paresçía entre todos un fermoso casti*e*llo,
avía en la haz primera abierto un gran*d* porti*e*llo,
traía en el escudo muy mucho *de* cuadri*e*llo.

490   Rompía todas las hazes que fronteras estavan,
a la parte quél iva todos carrera l' davan,
los golpes que fazía bien a lexos sonavan.
....

491   Andava por las hazes como león fanbriento,
de vençer o morir tenía fuerte taliento,
dexava por do iva tod el canpo *sangrien*to,
dava í muchas ánimas al bestión *masca*riento.

488c   *mezcladas:* intercambiadas.
489d   *cuadriello:* arma arrojadiza de madera.

492   Un rey de los de Africa era de fuerça grande,
—entre todos los otros semejava gigante—
que al conde buscava, e el conde al semejante,
luego que vio al conde fues le parar delante.

493   El conde cuando l' vio tan irado venir,
aguijó el cavallo e fue lo a resçebir,
abaxaron las lanças e fueron se a ferir,
devieran tales golpes una torre partir.

494   Entramos un a otro fueron much enbargados,
fueron muy mal feridos e estavan enbaçados,
fablar non se podían tanto eran mal golpados,
eran de fuertes golpes amos *e* dos llagados.

495   El conde don Fernando maguer *que* mal ferido,
antes quel rey entrase en todo su sentido,
del conde fue el rey otra vez mal ferido,
fue luego del cavallo a tierra abatido.

496   Los vassallos del moro cuando aquesto vieron,
çercaron al buen conde, muy gran*d* priessa le dieron;
essora castellanos en valde non estuvieron,
dando grandes feridas su señor acorrie*r*on.

497   El conde castellano con sus gentes dudadas,
fueron aquestas oras fuerte m*i*ente esforçadas;
el cavallo del conde traía grandes lançadas,
tenié fasta los pies las entrañas colgadas.

[El conde en peligro.]

498   Ovo el su buen cavallo al conde de morir,
a mayor fuert sazón no l' podiera fall*i*r,
ca non podía tornar se nin podía foir,
las coitas que sofría non las podría dezir.

499   Estava apeado, derredor su *mesnada,*
escudo contra pechos, en la mano su espada;
«Vala me», dixo, «Cris*to,* la tu virtud sagrada,
non quede oy Casti*e*lla de ti desanparada».

494b   *embaçados:* turbados, espantados.

500   Los moros eran muchos, tenién lo bien çercado,
maguer que el buen conde estava apeado,
fería a todas partes a guisa d' esforçado,
los sus buenos vassallos valieron lo priado.

501   Dieron le buen cavallo cual él mester avía,
dava graçias a Dios, fazía grand alegría:
«Señor, merçed tan maña gradeçer no t' podría,
que tan bien acorriste a la grand coita mía.»

502   Dexemos nos el conde, mejor *en* otras *leyes;
non fallariedes uno, por la fe que devedes;
quebrantó muchas señas e mató muchos reyes,*
faziendo lo que faze el lobo en las greyes.

[Gustio González, Diego Laínez.]

503   Don Gustio Gonçález que el otra faz guiava,
corría mucha sangre por do el aguijava,
ivan grandes arroyos como fuent que manava,
fazía grand mortandat en aquesta gent brava.

504   Los moros en tod esto en valde non *seían,*
en los omnes de pie grand mortandat fazían,
sabet, d' amas las partes muchos omnes caían,
a los golpes que davan las sierras reteñían.

505   Don Diego Laýnez con amos sus hermanos,
ferié del otra parte con otros castellanos,
fazía grand mortandat en los pueblos paganos,
todos caían de vuelta los moros e cristianos.

506   Estido la fazienda en peso tod el día,
sobre ganar el canpo era gran la porfía,
tenié s' por bienandante el que mejor fería,
sobre todos el conde llevava mejoría.

507   Ferié los don Fernando de toda voluntad,
en los pueblos paganos fazía grand mortandad.

---

506   Estrofa de cinco versos en el Ms., el quinto dice: «el que de sus manos escapara tenía se por naçido ese día»; *a: Estido:* estuvo; *en peso:* en balanza, incierto.

«Valas me», dixo, «Cristo, Padre de Piedad,
sea oy ensalçada por ti la cristiandad».

508   Tenía lienos de polvo la boca e los dientes,
abes podía fablar por confortar sus gentes,
diziendo: «Oy sed buenos, vassallos e parientes,
los buenos, en tal día, devedes parar mientes.»

509   Dezié: «Ferid de rezio, mis leales amigos,
avedes muchos tuertos d' Almozor resçebidos,
pora vengar nos dél set bien mientes metidos,
menbrad vos que por esso somos aquí venidos.»

[Descanso en la noche.]

510   El sol era ya puesto, quería anocheçer,
nin moros nin cristianos non se podían vençer;
mandó luego el conde *el* su cuerno tañer,
e ovieron se todos a la seña acojer.

511   Los pueblos castellanos, essas gentes cruzadas,
sacaron a los moros fueras de sus posadas,
el conde don Fernando con todas sus mesnadas,
fueron aquella noche tod*a*s bien albergad*a*s.

512   El conde e sus gentes las posadas tomaron,
ovieron tal albergue cual a Dios *demanda*ron,
cuanto mester ovieron todo í lo fallaron,
con sus armas guarnidos toda la noch velaron.

[Segundo día de la batalla.]

513   Otro día mañana los pueblos descreídos
todos *seién* en canpo con sus armas *guarn*idos,
dando muy grandes vozes e grandes *al*ar*i*dos,
los montes e *los* valles semejava*n* movidos.

508b   *abes:* apenas.
512   El Ms. contiene dos versos más, formando una estrofa de
seis versos. Cfr. D. Catalán, *Reliquias,* pág. XXXVI.

514   El conde don Fernando con su gente loçana,
todos oyeron missa otro día mañana;
fueron todos en canpo a primera canpana,
pararon se las hazes en medio de la plana.

515   Començaron el pleito do lo avían dexado,
llamando «Santiago», el apóstol onrado;
las fazes fueron vueltas, el torneo mesclado,
bien avían castellanos aquel mester usado.

516   Orbita el su alférez, el que traía la seña,
non sofría más golpes que si fues una peña,
nunca mejor la tovo el buen Terrin d'Ardeña,
Dios perdón la su alma, que él yaze en Cardeña.

517   El conde don Fernando, coraçón sin flaqueza,
Señor d' enseñamiento, çimiento de nobleza,
fería en los paganos sin ninguna pereza;
estonz dixo: «Caveros, afan ha en pobreza.»

518   El conde don Fernando, más bravo que serpiente,
avía la grand fuerça con el día caliente,
matava e fería en la mala semiente,
fazía grand mortandat en la *gent* descreyente.

519   Dexemos nos al conde en *grand* priessa estar,
nunca nasció omne d' armas que l' podiés mejorar,
digamos de los otros, non avían más vagar,
ca í les iva *todo* caer o levantar.

520   Los unos e los otros de rezio conbatieron,
sabet, d'amas las partes muchos omnes morieron,
la noche fue venida, de allí se herzieron,
nada non acabaron por lo que í venieron.

521   Tornaron se a las tiendas fanbrientos e lazrados,
levaron fuerte día, estavan muy cansados,

516c   *Terrin d'Ardeña:* uno de los doce pares de Francia y personaje destacado de la *Chanson de Roland*.

516d   *Cardeña:* San Pedro de Cardeña, insigne monasterio benedictino al este de Burgos, destruido por los árabes en el siglo X, fue restaurado por el conde Garcí Fernández, sucesor de Fernán González, en el condado de Castilla.

520c   *se herzieron:* se levantaron, se fueron.

avían í muchos omnes feridos e matados,
çenaron e dormieron toda la noch armados.

522   El conde don Fernando, de fazienda granada,
mandó a prima noche llamar essa mesnada;
fue a poca de ora toda con él juntada,
passaron por oir le aquella gent lazrada.

523   «Amigos», diz el conde, «por Dios que esforçedes,
por el muy mal lazerio que *vos* non desmay*e*des,
cras ant ora de nona gran acorro avredes
en manera que vos el canpo vençeredes.

524-530   .... «Amigos, por
Dios que esforcedes et non desmayedes por el gran
lazerio, ca yo vos digo que cras fasta ora de nona avre-
des gran acorro, en manera que vos vençredes el campo
yl avredes. (524) Et si vos quisiéredes que venzcamos nos,
seamos cras mañana en el campo ante del sol salido, et
firamos muy de rezio et de todo coraçón, et non les
demos vagar, ca luego nos dexarán el canpo por fuerça.
(525) Et dígovos que de muertos o de vençudos non es-
caparán de nos. Et pues que los oviéremos vençudos et
arrancados del canpo, fuyrán et yremos nos en pos ellos
en alcanço, et vengarnos emos dellos del mal que nos
an fecho. (526) Et seguro so yo de nos que non seremos
vençudos, ca ante nos dexariemos todos morir que esso
fuesse, nin querriemos dexarnos prender a vida, et bien
sé yo que lo meior faremos.» (527) Pues que el conde les
ovo dicho esto, fuéronse cada unos pora sus posadas, et
dormiron et folgaron fasta otro día. (528) Et desí levan-
táronse por la grand mañana, et armáronse. Los moros
armáronse otrossí et salieron al campo. Mas los cris-
tianos fizieron la señal de la cruz ante sus caras, et

523c-d-530   Faltan los dos versos finales de esta estrofa a la cual
sigue una laguna de todo un folio en el Ms. escurialense, aproxi-
madamente unas ocho estrofas que sustituimos por la prosifica-
ción de la *PCG*. Una reconstrucción poética de estas estrofas
puede verse en Juan Victorio, *Poema de Fernán González* (Ma-
drid, Cátedra, 1981), págs. 139-140.

rogaron a Dios de todos sus coraçones que los ayudasse
contra aquellos sus enemigos; (529) et su oración acaba-
da, baxaron las lanças et fueron ferir en los moros lla-
mando «sant Yague!». Et como quier que ellos esti-
diessen muy canssados de la batalla que ovieran ya en
los otros dos días passados, más esforçadamientre
començaron ésta que ninguna de las otras. (530) Et el
conde Fernand Gonçález, como era muy esforçado ca-
vallero en armas, fazié en los moros tan grand mortan-
dad que non avié ý ninguno quien se le ossase parar
delant. *(PCG,* II, C. 700, pág. 403b)

[*Tercer día de batalla.*]

531   Todos de coraçón eran pora lidiar,
nin lanças nin espadas non avían *nul* vagar,
reteñién los yelmos, las espadas quebrar,
ferién en los capiellos, las lorigas falsar.

532   Los chicos e los grandes todos mientes paravan,
como a ángel de Dios todos a él guardavan;
cuando oién «Castiella» todos se esforçavan,
todos en su palabra grand esfuerço tomavan.

[*Muerte de Gustio González.*]

533   Don Gustio Gonçález era leal cabdiello,
avía en los primeros abierto gran*d* portiello;
un rey de los de Africa, valiente *mançebiello,*
ferió l' d' una espada por medio del capiello.

534   Capiello, e almófar, e cofia de armar,
ovo lo*s* la espada ligero de cortar,
ovo fasta los ojos la espada de passar,
d' aqueste golpe ovo don Gustio a finar.

535   Allí do él murió non yaze él señero;
un sobrino del conde que era su conpañero,

531d   *falsar:* romper, destruir.
534a   *capiello:* yelmo; *almófar:* parte de la loriga que cubría la
cabeza; *cofia de armar:* gorra de tela para recoger los cabellos.

    mató se *con* un *moro que era* bu*e*n cavero,
    non avía í de moros más estraño braçero.

536   Cristianos otros muchos por ende í morieron,
    ellos en todo esto en valde non sovieron,
    en los pueblos paganos gran*d* mortanda*t* fizieron,
    fablarán dello sienpre *todos* cuantos lo oyeron.

537   Al conde don Fernando llegaron los mandados
    com eran los mejores de los otros finados,
    los cristianos estavan tristes e deserrados,
    si los non acorría que eran desbaratados.

538   Cuando lo oyó el conde por e*nd* fue muy quexado,
    aguijó el cavallo, acorrió les priado,
    falló de mala guisa revuelto el mercado,
    presos fueran o muertos si non fuera *lleg*ado.

539   Ferió luego el conde en los pueblos paganos,
    de los qu*é*l alcançava pocos ivan *dél* sanos;
    dize: «Yo so el conde, esforçad castellanos,
    ferid *los* bien de rezio, amigos *e* hermanos.»

540   Los cristianos lazrados cuando aquesto vieron,
    aunque eran malandantes tod el miedo perdieron,
    todos con su señor grand esfuerço cogieron,
    en las fazes paganas muy de rezio ferieron.

541   El conde castellano, de coraçón conplido,
    dizié: «Ferit caveros que oy ave*des* vençido;
    non sé do falle pan qu*ien* oy fuer retraído,
    mucho le valdría más que n*o*n fues nasçido.»

542   Non sé omne en el mundo que al conde oyesse
    que en ninguna manera *aver miedo* podiesse,
    nunca podrié ser malo el que con el *soviesse,*
    mejor devrié ser *d'* otro el que con él visquiesse.

543   Qu*i* a Gustio Gonçález essas oras matara,
    del conde si podiera de grado s' desviara
    —si lo guisar podiera mejor lo baratara—
    al señor de Casti*e*lla fues le parar de cara.

535d   *braçero:* peleador, valiente, justador.
543a   *Qui:* el que.
543c   *baratara:* arreglara, compusiera.

544   El gran*d* rey africano oyera lo dezir
que nu*l* omne al conde non se l' podía guarir,
por tanto si él podiera quisiera lo foír,
no l' dio vagar el conde e fue lo a ferir.

545   Firió l' luego el conde e partió l' el escudo,
rompió l' las guarniçiones con fierro much agudo,
de muerte el rey d'Africa anparar non se pudo,
fue del cavallo ayuso a tierra abat*u*do.

[Angustia del conde. Oración.]

546   Fueron los africanos desto mucho pesantes,
ca eran del buen conde *todos* muy malandantes,
ferieron sobre el conde más de *ç*ient cavalgantes,
el torneo fue vuelto más firme que de antes.

547   Mataron bien cuarenta de parte de Casti*e*lla,
salía mucho cavallo vazío con mucha si*e*lla,
avié de sus vassallos el conde gran*d* manzi*e*lla,
coidó se sin duda que se perdría Casti*e*lla.

548   Era en fuerte cuita el conde don Fernando,
iva, si se l' fiziesse, su muerte aguisando;
alçó al cielo los ojos, al Criador rogando,
com si sovies con él assí le está llamando:

549   «Pues non so ve*n*turoso desta lid arrancar,
quier que escap*ar pudiesse* non quiero escapar,
nin nunca veré yo más coita nin pesar,
meter me he en logar, do me hayan de matar.

550   Casti*e*lla quebrantada quedará sin señor,
iré con esta rabia mesquino pecador,
será en cautiverio del moro Almoçor,
por non ver aquel día la muerte es mejor.

551   Señor, ¿por qué nos tienes a todos fuerte saña?

544b   *guarir:* escapar, defender.
547c   *manziella:* lástima, pena.
548b   *iva...:* iba buscando su muerte si pudiese hallarla, pues el conde quería morir en batalla para perpetuar su fama (cfr. estrofas 549-550, y más arriba pág. 34).

por los nuestros pecados non *d*estruyas a España,
perder se ella por nos semejaría fazaña,
que de buenos cristianos non avría calaña.

552   Padre, Señor del mundo, *e* vero Jesucrist*e,*
de lo que me dixeron nada non me toviste,
que me acorrerías comigo lo posiste,
yo non te falesçiendo ¿por qué me falesçi*ste?*

553   Señor, pues es el conde de ti desanparado,
que por alguna *culpa* eres del despagado,
resç*i*be tú, Señor, en comienda est condado,
si non, será aína por *suelo a*stragado.

554   Pero yo non morré assí desanparado,
antes avrán de mí los moros mal mercado,
tal cosa fará antes este cuerpo lazrado,
que cuanto el mundo dure sienpre será contado.

555   Si atanta de graçia me quesiesses tú dar,
que yo *a* Almançor me pudiés allegar,
non creo que a vida me pudiesse escapar,
yo mismo cuidaría la mi muerte vengar.

556   Todos mis vassallos que aquí son finados,
serían por su señor este día vengados,
todos en paraíso conmigo ayuntados,
faría muy grande honra el cond a sus *criad*os.»

[Aparición de Santiago.]

557   Querellando s' a Dios el conde don Ferrando,
los finojos hincados, al Criador rogando,
oyó una gran voz que le estava llamando:
«Ferrando de Casti*e*lla, oy te crez muy gran bando.»

558   Alçó suso los ojos por ver quién lo llamava,
vio al santo apóstol que de suso le estava,

551c   *fazaña:* cosa indigna, mala acción.
551d   *calaña:* calumnia.
557b   *inojos fincados:* hincadas las rodillas.
558b   *santo apóstol:* Santiago.

de caveros con él gran*d* conpaña llevava,
todos armas cruzadas como a él semejava.

559   Fueron contra los moros, las hazes *bien* paradas,
nunca vio omne *nado* gentes tan esforçadas,
*e*l moro Almançor con todas sus mesnadas,
con ellos fueron luego fuerte m*i*ente enbargadas.

560   Ve*ién* d' una señal *tantos* pueblos armados,
ovieron muy grand miedo, fueron mal espantados,
de cual parte venían eran maravillados,
lo que más les pesava que eran todos cruzados.

561   Dixo rey Almançor: «Esto non puede ser.
¿Do recre*çió* al conde atan fuerte poder?
Cuidava yo oy sin duda le matar o prender,
e av*rá* con *sus* gentes él a nos cometer.»

[Victoria y persecución.]

562   Los cristianos mesquinos que estavan cansados,
de fincar con las ánimas eran desfiuzados,
fueron con el apóstol muy fuerte confortados,
nunca fueron en ora tan fuerte esforçados.

563   Acre*sç*ió les esfuerço, tod el miedo perdieron,
en los pueblos paganos gran*d* mortandad fizieron;
los poderes de Africa sofrir non *lo* pudieron,
tornaron las espaldas, del canpo se movieron.

564   Cuando vio don Fernando que espaldas tornavan,
que con miedo de muerte el canpo les dexavan,
el conde e sus gentes fuer*te* los aquexa*van,*
espuelas *e* açotes en *las* manos tomavan.

565   Fasta en Alme*nar* a moro malfaçaron,
muchos fueron los presos, muchos los que mataron,

560b   Falta en el Ms., pero se halla fielmente reproducido en
la *PCG*.
562b   *desfiuzados:* desconfiados.
565a   *Almenar:* pueblo de la provincia de Soria, cerca de Haci-
nas; *malfaçaron:* hostigaron.

un día e dos noches sienpre los alcançaron,
después al terçer día a Fazinas tornaron.

[Entierro. El conde promete sepultarse en Arlanza.]

566   Buscaron por los muertos que espessos yazían,
—com estavan sangrientos a dur los conoçían—
los cristianos finados que los soterrarían,
cad' un a sus lugares que se los levarían.

567   *Diz* el cond don Ferrando, complido de bondades:
«Amigos, no m' semeja que aquesto vos fagades,
d' embargar vos de muertos nu*l*la cosa ganades,
metredes grandes duelos en vuestras vezindades.

568   Los muertos a los vivos, ¿por que han d' embargar?
por duelo non podremos ningún dellos tornar;
aquí ha un ermita que es un buen lugar,
te*r*nía yo por bien d' allí los soterrar.

569   Nunca pod*r*ían yazer en lugar tan honrado,
yo mismo e mi cuer*p*o allí lo he encomendado,
mando m' yo allí llevar cuando fuere finado,
e allí quiero yo fer un lugar mucho honrado.»

570   Lo que dixo el conde todos esto otorgaron,
los cristianos finados p*o*ra í los llevaron,
mucho honrada m*i*ente allí los soterraron,
cuand fueron soterrados su camino tomaron.

567c   *embargar vos:* abrumaros, consternaros.

III. LUCHA POR LA INDEPENDENCIA
DE CASTILLA

[Cortes en León.]

571   Envió Sancho Ordóñez al buen conde mandado,
que quería fazer cortes e que fuesse priado,
e que eran ayuntados todos los del reinado,
por él sólo tardava que non era í *gu*iado.

572   Ovo ir a las cortes pero *con gran pesar,*
era muy fiera cosa de la mano besar;
«Señor Dios de los çielos, quieras me ayudar,
que yo pueda a Casti*e*lla desta premia sacar».

573   El rey *e* sus varones muy bien l*e* reçebieron,
todos con el buen conde muy grande gozo ovieron,
fasta en su posada todos con él venieron,
entra*n*te de la puerta todos se despedieron.

574   *A* chicos *e a* grandes de toda la çibdad,
la venida del conde plazía de voluntad;
a la reina sola pesava *por verd*ad,
que avía con él muy grande enemistad.

571a   *Sancho Ordóñez:* se trata de Sancho I *el Craso,* hermano
de Ordoño III, a quien, como vimos, sucedió; ambos eran hijos de
Ramiro II.

574c-d   *reina:* era doña Teresa, hermana de Sancho Abarca de
Navarra, a quien Fernán González mató en la batalla singular de
la Era Degollada (estr. 320); por eso la enemistad.

575   Avía en estas cortes muy grand pueblo sobejo,
       después quel conde vino duró les poquellejo,
       ca dio les el buen conde mucho de buen consejo,
       dellos en poridad, dellos por buen conçejo.

       [Venta del azor y el caballo.]

576   Levava don Ferrando un mudado açor,
       non avía en Castiella otro tal nin mejor,
       otrossí un cavallo que fuera d' Almançor,
       avía de todo ello el rey muy grand sabor.

577   De grand sabor el rey de a ellos llevar,
       luego dixo al conde que los quería conprar.
       «Non los vendría, señor, mas mandes los tomar,
       vender non vos los quiero mas quiero vos los dar.»

578   El rey dixo al conde que non los tomaría,
       mas açor e cavallo que gelos conpraría,
       que d' aquella moneda mill marcos le daría,
       por açor e cavallo si dar gelos quería.

579   Avenieron se anbos, fizieron su mercado,
       puso cuándo lo diesse a día señalado;
       si el aver non fuesse aquel día pagado,
       sienpre fues cada día al gallarín doblado.

580   Cartas por A B C partidas í fizieron,
       todos los paramentos allí los escrivieron,
       en cabo de la carta los testigos pusieron,
       cuantos a esta merca delante estovieron.

581   Assaz avía el rey buen cavallo conprado,
       mas salió a tres años muy caro el mercado,

575b   *poquellejo:* poquito.
576a   *mudado açor:* el azor que había ya cambiado su plumaje
era ave de rapiña de gran valor para los medievales.
579d   *al gallarín doblado:* doblado en proporción geométrica.
580a   *Cartas por A B C partidas:* sistema de comprobación de
la autenticidad de las varias copias del mismo documento.
580b   *paramentos:* términos y condiciones del contrato.
580d   *merca:* trato.

con el aver de Françia nunca sería pagado,
por í perdió el rey Castiella su condado.

582   Fueron todas las cortes desfechas e partidas,
las gentes castellanas fueron todas venidas

....

[*Engaño de la reina de León.*]

583   Antes que *él* partiesse, una dueña loçana,
reina de León, del rey don Sancho hermana,
prometió l' al buen conde fizo l' fiuzia vana;
cuntió l' com al carnero que fue buscar la lana.

584   Demostró l' el diablo el engaño aína:
cometió l' casamiento *al* conde la reína;
por que finás la *guerra* le daría su sobrina,
sería el daño grande *sin* esta meleçina.

585   Tovo *end* el buen conde que sería bien casado,
otorgó gelo que lo faría de buen grado.
Envió la reina a Navarra el mandado,
una carta ditada con un falso ditado.

586   Esta es la razón que la carta dezía:
«De mi *doña Teresa* a ti el rey Garçía;
perdí al rey tu padre que yo grand bien quería,
si yo fues rey com tu ya vengado l' avría.

587   Oras *tu* tienes tienpo *de* vengar a mi hermano,
tomarás buen derecho d' aquel conde loçano,
por este tal engaño coger lo has en mano,
a vida non le dexes aquel fuert castellano.»

588   Cuando oyeron las gentes aqueste casamiento,
todos tenían que era muy buen ayuntamiento,
que sería de la paz carrera *e* çimiento.
mas ordió otras redes el diablo çeniçiento.

582c-d   Faltan en el Ms. por un claro despiste del copista que se los saltó; la *PCG* dice: «et espidieronse del rey todos, et fueron se cada unos para sus logares».

583c   *fiuzia:* confianza, promesa.

583d   *cuntió:* aconteció.

[Vistas en Cirueña.]

589   Pusieron su lugar do a vistas veniessen,
tovieron por bien anbos que *en Çirueña fuessen*
de cada parte çinco caveros aduxessen,
fablarían e por*n*ían lo que por bien toviessen.

590   Tomó Ferrán Gonçález çinco de sus varones,
todos de buen derecho e grandes infa*n*çones,
muy grandes de linaje e esforçados varones,
....

591   Fueron p*o*ra Çirueña assí como mandaron;
con el cond de Castiella solos seys viaron;
el rey *e* los navarros *aquel* pleito fal*s*aron,
en lugar de los seys más de treinta *lleva*ron.

592   Cuando vio don Ferrando al rey venir guarnido,
entendió que l' avía del pleito falleçido;
«*Santa María, val, ca yo so confondido,*
creindo m' por palabra yo mismo so vendido».

593   El conde dio gran*d* voz, como si fues tronido,
diz: «Devía ser agora el mundo destruído;
con este mal engaño que el rey ha cometido;
lo que m' dixo el monje, en ello so caído.»

594   *R*eptando se el mismo *de* la su malandança,
non pud*iendo tomar nin* escudo ni*n* lança,
fuxó a un ermita, allí fue su anparança.
de man fasta la noche allí fue su morança.

595   Fizo su escudero a g*u*isa de leal,
vio una finiestra en medio del fastial,
vino p*o*ral hermita, metió s' por el portal,
*ech*ó les sus espadas que non pudo fer al.

589b   *Cirueña:* pueblo de la provincia de Logroño, al SE de
Santo Domingo de la Calzada.
589c   *aduxessen:* trajesen.
593a   *tronido:* trueno.
594a   *reptando:* maldiciendo, injuriando, culpando.
594d   *de man:* de la mañana; *morança:* morada, habitación. Cfr.
D. Catalán, *Reliquias,* pág. XXVI.
595b   *fastial:* hastial, soportal.

596   Aquestos escuderos que con el conde fueron,
        cuando a su señor acorrer non pudieron,
        todos en sus cavallos aína se cojeron,
        luego con el mandado a Castiella venieron.

[Prisión del conde.]

597   Fue del rey Garçía la glesia bien lidiada,
        non la quiso dexar maguer era sagrada,
        non pudo de lo que quiso acabar nada,
        ca tenía el *buen* conde la puerta bien çerrada.

598   El sol era ya baso que se quería tornar,
        mandó rey *don* Garçía al conde preguntar
        si s' quería a presión sobre omenax dar,
        que podría por aquesto la muerte escapar.

599   A salva fe jurando dio se les a presión,
        pesó muy mucho a Dios fecho *tan* sin razón,
        oyeron voz en grito, como voz de pavón,
        partió se el altar de somo fasta fondón.

600   *Assí* está oy en día la iglesia partida,
        por que fue atal cosa en ella conteçida;
        bien cuido que durará fasta la fin conplida,
        ca non fue atal cosa que sea ascondida.

601   Fue luego don Ferrando en los fierros metido,
        de grand pesar que ovo cayó amorteçido;
        a cabo d' una pieça tornó en su sentido,
        dixo: «Señor del mundo, ¿por qué me has fallido?

602   Señor Dios, si quisiesses que yo fues venturado,
        que a mí los navarros me fallassen armado,
        aquesto te ternía a merçed e *a* grado,
        e por esto me tengo de ti desanparado.

596c   *cojeron:* huyeron, escaparon.
596d   Reconstruido sobre el texto de la *PCG.*
598c   *sobre omenax:* bajo palabra de honor.
599a   *A salva fe:* bajo juramento.
599d   *de somo fasta fondón:* de arriba abajo.
601c   *pieça:* rato, espacio de tiempo.

603   Si fuesses en la *tierra,* serías de mi rebtado,
       nunca fiz por qué fuesse de ti desanparado,
       morré de mala *gui*sa como om*n*e de mal fado,
       si yo pesar te fize, bien deves ser vengado.»

604   Dentro en Castro Viejo al buen conde metieron,
       teniendo l' fuerte saña *mala* presión le *d*ieron;
       co*m*o omne*s* sin mesura, mesura no l' fizieron,
       los vassallos del conde *dexar le non quisi*eron.

605   Dixo *a*l rey Garçía *e*l conde su razón:
       «Non has por qué tener ningunos en presión,
       abrás por mi señero cuantos en *Burgos* son,
       non les fagas nu*l* mal que ellos sin culpa son.»

[Duelo de los castellanos.]

606   Soltó los don García, a Castiella venieron;
       cuando los castellanos el mandado *sopi*eron,
       nunca tan mal mensaje castellanos *o*yeron,
       por poco *con* pesar de seso non salieron.

607   Fizieron muy gran*d* duelo estonçes por Casti*e*lla,
       mucho vestido negro, rota mucha capi*e*lla,
       rascadas muchas fruentes, rota mucha mexi*e*lla,
       tenía cada uno en su *cuer* gran*d* manzi*e*lla.

608   *Ll*oraban e dezían: «¡Somos omnes sin ventura!»
       Dezían del Criador mucha fuert majadura:
       «Non quiere que salgamos de premia nin d' ardura,
       mas que seamos siervos nos e nuestra natura.

609   Somos los castellanos contra Dios en gran*d* saña,
       porque nos quiere dar esta premia atamaña,
       caímos en la ira de todos los d' España,
       tornada es Casti*e*lla una pobre cabaña.

604a   *Castro Viejo:* pueblo de la provincia de Logroño, al sur de
Nájera y al norte de Torrecilla de Cameros.
608b   *majadura:* queja, acusación.
608c   *ardura:* aflicción, aprieto.
608d   *natura:* gente, nación.

610   A otro non sabemos nuestra coita dezir,
        si non al Criador que nos deve oir,
        con el conde coidávamos desta coita salir,
        oviemos nos enantes en ella de venir.»

611   Dexemos castellanos en su fuerte pesar,
        aver nos hemos luego en ellos a tornar,
        ayuntaron se en uno por se aconsejar,
        dexemos los juntados, bien nos deve menbrar.

[*El lombardo peregrino.*]

612   Tornemos en el conde do l' avemos dexado,
        era en Castro Viejo en *la* cárçel echado,
        de gentes de Navarra era bien aguardado,
        nunca fue omne nado en presión más coitado.

613   Avía en estas tierras *la gente* ya oído
        que otro mejor d' armas nunca fuera nasçido,
        tenía se por mejor qu*ien* le avía conosçido,
        avié sabor de ver le qu*ien* non le avía vi*d*o.

614   Un conde muy onrado que era de Lonbardía,
        vino l' en coraçón de ir en romería,
        tomó de sus vassallos muy *grand* cavallería,
        p*o*r ir a Santiago metió se por su vía.

615   Aquel conde lonbardo yendo por la carrera,
        demandó por el conde que en cuales tierras era.
        Dixeron *g*elo luego, toda cosa çertera,
        cómo él fuera preso e sobre cual manera.

616   Demandó *él* por çierto todo aquel engaño,
        cómo avían resçebido castellanos gran*d* daño:
        levaron le a vistas a fe sin*es* engaño,
        en ellas le *prend*ieron bien avié *ya* un año.

617   Preguntó si l' podría por cosa alguna ver,
        ca avié grand sabor d' al conde conosçer,
        que verié si podría alguna pro tener,
        que tal omne non era p*o*r en cárçel tener.

611d   *membrar:* recordar, traer a la memoria.

618   Fués pora Castro Viejo, demandó los porteros,
        prometió de les dar mucho de los dineros,
        ....
        que l' *most*rassen al conde con solos dos caveros.
619   Levaron le al casti*e*llo, las puertas le abrieron,
        los condes uno a otro muy bien se resçibieron,
        entramos en su fabla gran*d* pieça estovieron,
        la razón acabada luego se despedieron.
620   Partieron se entramos *de* los ojos llorando,
        fincó en su presión el conde don Fernando,
        estando en gran*d* coita, muchas coitas passando,
        que Dios dend le sacasse todavía rogando.

        [El lombardo exhorta a doña Sancha.]

621   Aquel conde *lo*nbardo, cuando fue despedido,
        al conde castellano n*o*n le echó en olvido,
        demandó la donzella por qu*i* fuera c*u*ntido,
        cómo *e*l conde oviera *a ser* della marido.
622   Mostraron gela luego la fermosa donzella,
        vio *la* tan apuesta que era marav*e*lla,
        fabló luego el conde de poridat con ella,
        dixo cómo avía *muy* gran*d* manzi*e*lla della.
623   «Dueña», dixo el conde, «eres muy sin ventura,
        non ha más mal fa*d*a*d*o en toda tu natura,
        de ti han castellanos todos fuerte rencura,
        que les vino por ti este mal sin mesura.
624   Dueña sin piedat e sin buen conosçer,
        de fazer bien o mal tu tienes el poder,
        si al conde non quieres tu de muerte estorçer,
        aver se ha Casti*e*lla por tu culpa a perder.
625   Faze*s* muy gran ayuda a los pueblos paganos,
        ca l*e*s quitava éste a todos pies e manos;

        622c   *poridat:* en secreto.
        622d   *manziella:* lástima, pena.
        624c   *estorçer:* apartar, librar, alejar.

quitas muy grand esfuerço a todos los cristianos,
por end andan los moros alegres e *loça*nos.

626   Eres de tu buen preçio mucho menoscabada,
serás por este fecho de muchos *denost*ada,
cuando fuere esta cosa por el mundo sonada,
será toda *l*a culpa *luego* a ti echada.

627   Si tu con este conde podiesses ser casada,
tener te ían las dueñas por bien aventurada,
de todos los d' España serías mucho onrada,
nunca fiziera dueña tan buena cavalgada.

628   Si tu eres de sentido, esto es lo mejor,
si tu nunca oviste de cavallero amor,
más deves amar este que no*n* enperador,
non ha *omne* en el mundo de sus armas mejor.»

[Doña Sancha envía mensaje al prisionero.]

629   Despidió se el conde, con todo fue su vía,
fue p*o*ra Santiago, conplió su romería;
envió la infanta esta mensajería,
con una de sus dueñas que ella mucho quería.

630   Tornó s' la mensajera luego con el mandado
de la coita del conde, que está en gran*d* coidado;
vino con la respuesta a la infanta priado,
dixo como dexara al conde muy lazrado.

631   «De lo que m' dixo el conde ove *muy* gran*d* pesar,
ovo se contra vos a Dios a querellar,
que vos sola *l'* queredes deste mundo sacar,
e si vos *lo* quisiéssedes él podría escapar.»

632   Dixo la dueña: «infant*e*, por *l*a fe que devedes,
que vayades al conde e vos lo conortedes;
tal conde como aqueste non lo desanparedes,
si muere de tal guisa gran*d* pecado *f*aredes».

633   Respondió a la dueña essora la infant*e*:
«Bien vos digo, criada, tengo m' por malandante,

632b   *conortedes:* confortéis, ayudéis, consoléis.

de cuantos males passa mucho so dend pesante,
mas venirá sazón que l' veré bienandante.

634   Quiero contra el conde una cosa fazer,
al su fuerte amor dexar me yo vençer,
quiero m' aventurar e ir me lo veer,
todo mi coraçón fazer le he entender.»

[Doña Sancha en la prisión.]

635   La infant doña Sancha, de todo bien *conpl*ida,
fue luego al casti*ello* ella luego sobida,
cuando ella vio al conde tovo se por guarida.
«Señora», dixo él, «*¿cuál* es esta venida?».

636   «Buen conde», dixo ella, «esto faz buen amor,
que tuelle a las dueñas vergüença e pavor,
olvidan los parientes por el entendedor,
ca de lo que él se paga tienen lo por mejor.

637   Sodes por mi amor, conde, mucho lazrado,
ond nunca bien oviestes sodes en gran*d* cuidado;
conde, non vos quexedes e sed bien segurado,
sacar vos he d' aquí alegre e pagado.

638   Si vos luego agora d' aquí salir queredes,
pleito *e* omenaje en mi mano faredes,
que por dueña en el mundo a mi non dex*a*redes,
comigo bendiçiones e missa prenderedes.

639   Si esto non fazedes en la cárçel morredes,
como omne si*n* consejo nunca d' aquí sal*d*redes;
vos, mesquino, pensat lo, si buen seso avedes,
si vos por vuestra culpa atal dueña perdedes.»

640   Cuando esto oyó el conde tovo se por guarido,
e dixo entre su c*ue*r: «¡Si fuesse ya conplido!»
«Señora», dixo el conde, «por verdat vos lo digo,
seredes mi muger e yo vuestro marido.

634a   *contra:* hacia, para; y aquí: a favor de.
636b   *tuelle:* quita, arrebata.
636c   *entendedor:* amigo, amante.
638b   *pleito e omenaje:* promesa formal y solemne.

641   Quien desto vos falliere sea de Dios fallido,
        fallesca le la vida com a falso descreído;
        ruego vos lo, señora, en merçed vos lo pido,
        lo que fablastes no l' echedes en olvido.»

642   El conde don Fernando dixo cosa fermosa:
        «Si vos guisar podiéredes de fazer esta cosa,
        mientra *que* vos visquiéredes nunca avré otra sposa,
        si desto vos falliere fallesca m' la Gloriosa.»

[Fuga de doña Sancha y el conde.]

643   Cuand tod esto ovieron *entressí* afirmado,
        luego sacó la dueña al conde don Fernando.
        «Vayamos nos, señor, que todo es guisado,
        del buen rey don García non sea mesturado.»

644   El camino francés ovieron a dexar,
        tomaron a siniestra por un gran enzina*r,*
        el conde don Fernando non podía andar,
        ovo l' ella un poco a cuestas a llevar.

645   Cuando se fue la noche el día quier paresçer;
        enant que ningún omne los podiesse ve*er,*
        vieron un monte espesso, fueron se í asconder,
        e ovieron allí la noche atender.

[El mal arcipreste.]

646   Dexemos í a ellos en la mata estar,
        veredes cuánta coita les quer*í*a Dios dar;
        d' un ar*ç*ipreste malo que iva a caçar,
        ovieron los *podencos* en el rastro a entrar.

647   Fueron luego los canes do yazíen en la mata,
        el conde e la dueña fueron en gran rebata,

643d   *mesturado:* impedido, descubierto.
644a   *camino francés:* camino de Santiago.
647b   *rebata:* apuro, aflicción.

el arçipreste malo cuando vio la barata,
plogo l' *cual* si ganase a Acre e *D*amia*t*a.

648 Assí como los vio començó de dezir,
dixo: «Donos traidores, non *vos* podedes ir
del buen rey don Garçía non podredes foir,
amos a dos avredes mala muerte morir.»

649 Dixo el conde: «Por Dios, sea *la* tu bondat,
que nos quieras tener aquesta poridat,
en medio de Casti*e*lla dar te *he* una çibdat,
de guisa que la hayas sienpre por eredat.»

650 El falso *arçipreste* llieno de crueldat,
más que si fuessen canes non ovo piedat.
«Conde, si *vos* quere*des* que sea poridat,
dexa*d* me con la dueña conplir mi voluntat.»

651 Cuando *o*yó don Fernando cosa tan desguisada,
non sería más quexado si l' die*s* una lançada.
«Par Dios», dixo *le,* «pides cosa desaguisada,
por poco de trabajo demandas gran*d* soldada».

652 La dueña fue hartera escontra el coronado:
«Arçiprest, *lo* que quieres yo lo faré de grado,
por end non nos perdremos amos e el condado;
más vale que ayunemos todos tres el pecado.»

653 Dixo l' luego la dueña: «Pensat vos despojar,
aver vos ha el conde los paños de guardar,
e por que *él* non vea atan fuerte pesar,
plega vos, arçipreste, d' aquí vos apartar.»

654 Cuando el arçipreste ovo aquesto oído,
ovo grand alegría e tovo s' por guarido,

647d   *Acre e Damiata:* la mención de la conquista de estas dos
ciudades por los cruzados cristianos, como ya dijimos, ha ayudado
a fechar el *Poema.* Damiata, en Egipto, fue conquistada por San
Luis de Francia en 1249 y el mismo año lo fue también Acre, en
Siria.
648c-d   Faltan en el Ms., pero han sido reconstruidos a partir de
la *PCG.*
652d   *ayunemos todos tres el pecado:* que nos repartamos entre
los tres el pecado.

vergüença non avía el falso descreído,
confonder cuidó a otro, mas él fue confondido.

655   Ovieron se entramos ya cuanto d' apartar,
cuidara se la cosa él luego de acabar,
ovo el arçipreste con ella de travar,
con sus braços abiertos iva se la abraçar.

656   La infant doña Sancha, dueña tan mesurada
—nunca omne *non* vio dueña tan esforçada—,
travó l' *a* la *b*oruca dio l' una gran*d* tirada,
dixo: «Don traidor, de ti seré vengada.»

657   El conde a la dueña non podía ayudar,
ca tenía grandes fierros e non podía andar,
su cuchiello en mano ovo a ella llegar,
ovieron le entramos al traidor de matar.

658   Cuando de tal manera morió el traidor,
—nunca merçed le quiera aver el Criador—
la mula e los paños e el mudado açor,
quiso Dios que oviesse*n* más onrado señor.

659   Tovieron tod el día la mula arrendada,
el día fue salido, la noche *uvi*ada,
cuando vieron que era la noche aquedada,
movieron se andar por medio la calçada.

[Consejo de los castellanos.]

660   Dexemos í a ellos entrados en carrera,
por llegar a Casti*e*lla que muy *a*çerca era;
diré de castellanos, gente fuerte e ligera,
avenir no s' podían por ninguna manera.

661   Los unos querién uno, los otros querién al,

655a   *ya cuanto:* algo.
655b   *acabar:* conseguir.
655c   *travar:* asir, agarrar, juntarse con ella.
656c   *travó l' a la boruca:* agarróle por el cuello y dio con él en
el suelo.
659a   *arrendada:* oculta.
659c   *aquedada:* tranquila.

como omnes sin cabdiello avenién se muy mal,
fabló Nuño Laýnez de seso natural,
buen caballero d' armas e de señor leal.

662   Començó su razón muy fuerte e oscura:
«Fagamos *nos* señor de una piedra dura,
semejable al conde, dessa mesma fechura,
sobre aquella imajen fagamos todos jura.

663   Assí como al conde, las manos le besemos,
pongamos la en un carro, ante nos la *lleve*mos,
por amor del buen conde por señor la te*rne*mos,
pleito e omenaje todos a ella fa*re*mos.

664   Si ella non fuy*e*re nos otros n*o*n fuyamos,
sin el conde a Casti*e*lla jamás nunca vengamos,
el que antes tornare por traidor le tengamos,
la seña de Casti*e*lla en la mano l' pongamos.

665   Si fuerte es el conde, fuerte señor llevamos,
el conde de Casti*e*lla nos buscar le vayamos,
allá finquemos todos o a él acá traigamos,
tardando esta cosa mucho menoscabamos.

666   Al conde de Casti*e*lla muy fuert onra le damos,
él puja cada día e nos menoscabamos,
semeja que *é*l lidia e nos nunca lidiamos,
don Cristo nos perdone que tanto nos pecamos.

667   Que veamos que preçio damos a u*n* cavero,
nos somos *bien* trezientos e él solo señero,
e sin él non fazemos valía d' un dinero,
pierde omne buen preçio en poco de mijero.»

668   Cuando Nuño Laýno acabó su razón,
a chicos e a grandes pl*o*gó de coraçón.
Respondieron le luego mucho buen infançón:
«Todos lo otorgamos que es con gran*d* razón.»

661c *Nuño Laýnez:* biznieto de Laín Calvo y bisabuelo del Cid.
662a *oscura:* extraña, increíble, rara.
667d *mijero:* rato, espacio de tiempo.

[*La estatua del conde.*]

669   Fizieron su imagen, como antes dicho era,
a figura del conde, dessa misma manera;
pusieron l*a* en un carro de muy fuerte madera,
sobido en el carro, entraron en carrera.

670   Todos, chicos e grandes, a la piedra juraron,
como a su señor assí la aguardaron,
p*o*ra ir a Navarra el camino tomaron,
en el primero día a Arlançón llegaron.

671   Desende otro día essa buena conpaña,
su señor mucho onrado, su seña much estraña,
passaron Montes d' Oca, una fiera montaña,
solía ser de los buenos e los grandes d' España.

672   Caveros castellanos, conpaña muy lazrada,
fueron a Bilforado fazer otra albergada;
qual a Dios demandaron ovieron tal posada,
movieron se otro día cuando al alborada.

[*Encuentro de los castellanos y el conde.*]

673   *En*antes que oviessen una legua andad*o*,
salida fue la noche e el día aclarado;
el conde con su dueña venía mucho lazrado,
cuando vio la seña muy mal fue desmayado.

674   La dueña la vio antes e ovo gran*d* pavor,
dixo luego la dueña: «¿Qué faremos, señor?
Veo una gran*d* seña, non se de qué color,
o es de mi hermano o del *rey* Almonçor.»

675   Fueron en fuerte quexa, non sabían que fiziessen,
ca non veién montaña do meter se pudiessen,

670d   *Arlanzón:* pueblo de la provincia de Burgos a 18 kms. al este de la capital.
671a   *Desende:* desde allí, después.
671c   *Montes d'Oca:* se trata de Villafreme de Montes de Oca, a 11 kms. al oeste de Belorado (cfr. 672b), en la carretera de Logroño a Burgos.

non sabían con la quexa que consejo prendiessen,
ca non veían logar do guarida oviessen.

676   Eran en fuerte quexa que nunca fue tamaña,
quisieran si podieran alçar se a montaña,
que se asconderían siquiera en cabaña;
fue catando la seña, mesurando la conpaña.

677   Conosçió en las armas cómo eran cristianos,
non eran de Navarra nin eran de paganos,
conosçió *cómo* eran de pueblos castellanos,
que ivan a su señor sacar d' agenas manos.

678   «Dueña», dixo el conde, «non dedes por *end* nada,
será la vuestra mano dellos todos besada,
la seña e la gente que vos vedes armada,
aquella es mi seña e ellos mi *mesnada*.

679   Oy vos faré señora de pueblos castellanos,
serán todos convusco alegres *e loçanos,*
todos chicos e grandes besar vos han las manos,
dar vos he yo en Castiella fortalezas e llanos.»

680   La dueña *que* estava triste e desmayada,
fue con aquestas nuevas alegre e pagada;
cuando ella vio que era a Castiella llegada,
dio *le* graçias a Dios que la avía bien guiada.

681   *En*antes quel su pueblo al conde fués llegado,
fue adelant un cavero e sopo este mandado:
com el c*u*end don Fernando veni*é ledo* e pagado,
que traía la infanta e venía muy cansado.

682   Las gentes castellanas cuando aquesto oyeron,
que venía su señor e por çierto lo ovieron,
nunca tan maño gozo castellanos *to*bieron,
todos con alegría a Dios graçias *ren*dieron.

683   Tanto avían de gran*d* gozo que creer non lo quisieron,
dieron se a correr cuant de rezio pudieron;

676b   *alçar se:* ocultarse, esconderse.
679b   *convusco:* con vos, con vosotros.
681   Estrofa de seis versos en el Ms.

*en*antes que llegassen al conde conosçieron,
allegaron se a él, en braços le cojieron.

684   Fueron besar las manos todos a su señora,
diziendo: «Somos ricos castellanos agora.
Infante doña Sancha, nasçiestes en buen ora,
por end vos resçebimos *de* todos por señora.

685   Fiziestes nos merçed, nunca otra tal viemos,
cuánto bien nos fiziestes, contar non lo sabriemos,
....
si non fuera por vos cobrar non lo podriemos.

686   Sacastes a Castiella de gran*d* cautividat,
fiziestes gran merçed a *toda* cristiandat,
mucho pesar a moros, esto es *la* verdat,
tod esto vos gradescá el Rey de Magestat.»

687   Todos, e ella con ellos, con gran gozo lloravan,
tenién que eran muertos e que resuçitavan,
al Rey de los çielos bendezían e laudavan,
el llanto que fazían en gran gozo tornava*n*.

688   Llegaron de venida todos a Bilforado,
aquesta villa era en cabo del condado;
un ferrero muy bueno demandaron priado,
el conde don Fernando de fierros fue sacado.

[Bodas del conde y doña Sancha.]

689   Fueron se p*o*ra Burgos cuanto ir se podieron,
luego que í llegaron grandes bodas fezieron,
non alongaron plazo, bendiçiones prendieron,
todos grandes e chicos muy grand gozo *o*vieron.

690   Alançavan tablados todos los cavalleros,
a tablas e *escaques* jugan los escuderos,
de otra parte matavan los toros los monteros,
avía í muchas çítulas e muchos violeros.

691   Fazían muy gran gozo que mayor non podían.
Dos bodas que non una castellanos fazían,
una por su señor que cobrado avían,
otra por que entramos bendiçiones prendían.

[El rey de Navarra ataca a Castilla.]

692   En antes que oviessen las bodas acabadas
       —non avía ocho días que eran escomençadas—
       fueron a don Fernando otras nuevas llegadas,
       que venía el rey Garçía con muy grandes *mesnad*as.

693   Mandó luego el conde a sus gentes guarnir,
       cuando fueron guarnid*as* salió l' a resçebir,
       a cabo del condado ovieron de salir,
       ovieron *en* el pleito todos a departir.

694   Las azes fueron p*uest*as, movidas tan priado,
       aquel su mester era avía lo bien usado,
       el rey de los navarros estava bien guisado,
       començaron entramos un torneo pesado.

695   Segund nos lo leemos, e diz lo la lienda,
       sovo bien medio día en peso la fazienda,
       cansados eran todos e fartos de contienda,
       tomar*an* í por poco los navarros imienda.

696   Muchos de castellanos perdieron í la vida,
       llevaron los del campo navarros gran*d* partida,
       de dardos *e* de lanças fazían mucha ferida,
       ovo en poca d' ora mucha sangre vertida.

697   Cuando vio don Fernando castellanos movidos,
       vio los s*er* cansados e todos retraídos,
       fueron de sus palabras fuerte mi*ent* reprendidos:
       «Por nos pierden oy si*e*glo por nasçer e nasçidos.

698   Maguer que vos querades assí ser tan fallidos,
       fazer vos he ser buenos *de grado* o amidos,

692-693   Entre estas dos estrofas falta una donde, según la *PCG*,
se narraba cómo el conde envió sus cartas por toda Castilla para
que caballeros y peones se unieran a él.
    695a   *lienda:* leyenda; se trata de una alusión a un texto escrito
(«segund nos lo leemos») que el autor tenía delante. Es muy pro-
bable que se trate del perdido cantar juglaresco que sin duda el
monje arlantino conocía.
    695b   *sovo ... en peso:* estuvo en duda.
    695d   *imienda:* venganza.
    698b   *de grado o amidos:* por las buenas o por las malas.

si yo finare, vos non querriedes ser nasçidos,
ca seriades por ello traidores conosçidos.»

699 El sosaño del conde non quesieron sofrir,
dixeron: «Más queremos todos aquí morir,
que don Fernán Gonçález esto nos fazerir,
lo que nunca falliemos non queremos fallir.»

700 Tornaron en el canpo, pensaron de ferir
como omnes que non han codiçia de foir,
fazían muchos cavallos sin señores salir,
podrían a gran mijero bien los golpes oir.

[*Prisión del rey navarro.*]

701 El conde argulloso, de coraçón loçano,
vio a su cuñado en medio de un llano,
puso se con*tra él* la lança sobre mano,
dixo: «¡Parta se el canpo por nos *am*os, hermano!»

702 Eran uno *e* otro enemigos sab*u*dos,
fueron se a ferir entramos muy sañudos,
las lanças abaxadas, los pendones tend*u*dos,
dieron se grandes golpes luego en los escudos.

703 Ferió *a*l rey Garçía *e*l señor de Casti*e*lla,
ata*l* fue la ferida que cayó de la si*e*lla,
metió l' toda la lança por medio la teti*e*lla,
que fuera del espalda paresçió la cochi*e*lla.

704 Don Fernando por fuerça ovo al rey prender,
el pueblo de Navarra no l' pudo defender,
ovieron le a Burgos essa çibdat traer,
mandó l' luego el conde en los fierros meter.

705 Doze meses conplidos en fierros le tovieron,
la presión fue tan mala que peor non podieron,
por ningunas rehenes nunca dar le quisieron,
non era maravi*e*lla que negra la fizieron.

699a *sosaño:* la reprimenda, las burlas.
700d *a grand mijero:* a gran distancia.

[Libértale doña Sancha.]

706   Tovo lo la condessa esto por desguisado,
por ser ella muger del conde don Fernando,
tener a su hermano cautivo e lazrado,
él que era atan buen rey e tan rico reignado.

707   Fabló con castellanos en aquessa sazón,
dixo pocas palabras e muy buena razón:
«Saquemos, castellanos, al rey de presión,
por que oy los navarros de mí quexados son.

708   Yo saqué de presión al conde don Fernando,
¿por qué es él agora contra mí tan errado?

708c-718   la condesa doña Sancha, aviendo gran pesar del
padre que yazié preso, (707) fabló con los castellanos et
díxoles assí: «Amigos vos sabedes de cómo vos yo
saqué a vuestro señor el conde de la prisión en quel tenié
mío padre el rey don García, (708) por que él et todos los
navarros han muy grand querella de mí, ca tienen que
por mí les vino este mal en que oy están; *[Prim. Crón.
Gral.]* et agora e conde es mui errado contra mí, que me
non quiere dar mío padre nin sacarle de la prisión. Onde
vos ruego que vos que seades tan mesurados que vos que
roguedes al conde et travedes con éll que me dé mío
padre; et yo avervos he que gradescer siempre. Et este
es el primero ruego que vos yo rogué.» Ellos dixieron
que lo faríen de grado, et fuéronse luego poral conde,
et dixiéronle: «Señor, pedímosvos por vuestra mesura
que nos oyades. Rogámosvos señor, et pedímosvos por
merced que dedes el rey don García a su fija doña San-
cha, yl mandedes sacar de la prisión; et faredes en ello
gran mesura, et cuantos vos lo sopieren tenérvoslo han

708c-718   En el Ms. falta un folio completo, es decir, aproxima-
damente unas catorce estrofas; sin embargo, la prosificación de la
PCG permite sólo la reconstrucción de unas doce, como puede
verse en la que llevó a cabo Juan Victorio en su citada edición,
págs. 170-173.

a bien, ca bien savedes vos qu' amano algo fizo ella a nos et a vos. Et señor, si al fazedes non vos estará bien.» Et tanto travaron dell et tantol dixieron de buenas razones et debdo que avié ý, quel fizieron otorgar lo que agora dirá aquí la estoria, et complirlo. Et dize assí: Respondióles allí estonces el conde, que pues que ellos lo tenién por bien et lo querién, et aunque fuesse mayor cosa, que lo farié muy de grado. Et mandol luego sacar de los fierros; et dallí adelant fizieron muchos plazeres et muchos solazes al rey don García el conde Fernand Gonçález et la condesa doña Sancha, su fija, et los nobles cavalleros de Castiella. Et en tod aquello guisol el cuende muy bien a él et a su compaña, de paños et de bestias et de cuanto ovo mester, et enviol pora su regno. El rey don García, pues que llegó a su regno, fuesse pora ell Estella, et envió por todos los omnes onrrados de su regno et fizo ý sus cortes. Et desque fueron todos ayuntados, díxoles: «amigos, vos sabedes cómo yo só desonrrado del conde Fernand Gonçález, et la mi desondra vuestra es; et bien sepades que o yo seré dél vengado, o ý porné el cuerpo».

Cap. 715. Empos esto el rey don Sancho de León envió sus mandaderos al conde Fernand Gonçález a dezirle de cómo Abderrahmen, rey de Córdova, era entrado en su tierra con muy gran poder de moros, et quel rogava mucho quel fuesse ayudar. El conde Fernand Gonçález, luego que lo oyó, fuesse pora éll cuanto más aýna pudo con aquellos cavalleros que tenié consigo, et non quiso más ý tardar. Et envió dezir por toda su tierra por cartas et por mandaderos a todos los otros cavalleros que ý non eran, que se fuessen empos éll. Cuando el rey de León vio el conde, plogol mucho con éll et recibiol muy bien, ca tovo quel acorrié a muy buena sazón. Desí a cabo de ocho días llegó toda su compaña al conde, et ovieron su acuerdo que a tercer día saliessen al campo lidiar con los moros, ca meior serié que non yazer encerrados *(PCG,* II, págs. 416-417).

[*El rey de Córdoba roba a Campos.*]

719   *Cuando ovieron los moros desto sabiduría,*
      cóm era í el conde con *grand* cavallería,
      el rey *moro* de Córdova luego *en este* día,
      desçercó la çibdat e fue se él su vía.

720   Levantó s' de allí, Safagun*d* fue a çercar,
      començó toda Canpos de correr e robar;
      ovieron estas nuevas al conde de llegar,
      con todas sus conpañas pensó de cavalgar.

721   Conpañas de León, caveros de prestar,
      salieron con el conde, querién lo aguardar;
      non *lo* quiso el buen conde e mandó les tornar,
      ovieron leoneses desto fuerte pesar.

722   El conde don Fernando con toda su mesnada,
      vino a Safagunt e falló la çercada,
      dio les un gran*d* torneo una lid presurada,
      fue luego en este día la villa desçercada.

723   Avían a toda Canpos corrido e robado,
      llevavan de cristianos gran pueblo cabtivado,
      de vacas e de yeguas e de otro ganado,
      tanto llevavan dello que non sería contado.

724   Grandes eran los llantos, grandes eran los duelos,
      ivan los padres presos, los fijos e abuelos,
      matavan a las madres, los fijos en braçuelos,
      e davan a los padres con los sus fijuelos.

[*El conde persigue a los cordobeses.*]

725   Ivan con muy grand robo alegres e pagados,
      non podían andar que ivan muy cansados,

_____

720a   *Sagafund:* Sahagún, en la provincia de León sobre el río
Cea, sede principal de la Orden de Cluny en el momento de la
composición de la obra y estación importante del camino de San-
tiago.
720b   *Campos:* Tierra de Campos.
722c   *presurada:* sin cuartel, sin tregua.

ovo *los* el buen conde aína alcança*d*os,
fueron con su venida todos mal espantados.

726   Ferió luego entre ellos, non les dio nu*l* vagar,
como águila fanbrienta que se quería cebar;
cuando *o*yeron los moros a Casti*e*lla nonbrar,
quisieran si podieran en Córdova estar.

727   Dexaron í la prea aun a su mal grado,
quien m*ás* fuir podía tenié s' por venturado,
el rey de cordoveses fincó ende en malfado,
bendizié a Mafomad cuando dend fue escapado.

728   El cond don Fernando, de ardides çimiento,
señor de buenas mañas, de buen enseñamiento,
en los pueblos paganos fizo gran escarmiento,
firi*ó* e mató dellos a todo su tali*e*nto.

729   Los que avié muerto*s* non los podié tornar,
no dexó de la prea nu*ll*a cosa levar,
mandó ir *a* los *cativos* todos a su logar,
dezién: «¡Fernán Gonçález, dexe te Dios reignar!»

730   El conde don Fernando con toda su mesnada,
cuando ovo *la prea* a sus casas tornad*a*,
por verdat avía fech*a* muy buena cavalgada,
a León *a*l buen rey luego fizo tornada.

[Saña de los leoneses contra el conde.]

731   Falló los leoneses sañudos e *i*rados,
por que con él non fueran falló los despagados,
los unos e los otros fueron mal denostados,
coidavan sin*es* duda reignar í los pecados.

732   Reigna de León, navarra natural,
era de castellanos enemiga mortal,

728d   *taliento:* voluntad, cuantos quiso.
729b   *prea:* presa, robo, rapiña.
732a   Se trata de nuevo de doña Teresa (cfr. más arriba, estro-
fa 574), que urdió la traición para encarcelar a Fernán González
en Castro Viejo.

mataran le el hermano, querié les *muy* grand mal,
de buscar les la muerte nunca pensava *d'* al.

733 Quería a castellanos de grado desonrar,
avivó leoneses por con ellos lidiar;
querié si se l' fiziesse su hermano vengar;
non la devía por ende ningún omne rebtar.

734 Era d' amas las partes la cosa ençendida,
sopo lo la reina e tovo s' por guarida,
í avía el diablo *muy* gran*d* tela ordida,
mas fue por el buen rey la pelea partida.

735 Leoneses e castellanos fueron mal denostados,
fincaron unos d' otros todos desafiados,
fueron las castellanos a sus tierras tornados,
non fueron por dos años a las cortes ll*e*ga*d*os.

[El conde reclama el precio del caballo y el azor.]

736 Envió el buen conde a León mensajeros
que rogava al rey que le diés sus dineros.
Dixo el rey don Sancho: «Allá son mis porteros,
de como *a*llegaren dar le hemos los primeros.»

737 Tornaron se al conde, dixieron le el mandado;
que dezía el rey que los daría de grado,
mas que non era *luego* el su pecho llegado,
por tanto se l' avía su aver *de*tardado.

738 Al conde mucho plogo por que tanto tardava,
entendié que avrié lo que él codiçiava,
por que tanto tardava el conde í ganava,
plaçié l' de voluntad del plazo que passava.

739 El buen rey Sancho Ordóñez dio se muy gran*d* vagar,
ovo después del plazo tres años a passar,

733d *rebtar:* reprender.
736c *porteros:* oficiales del palacio, en este caso se trataría de administradores encargados de llevar a cabo el cumplimiento del contrato.
737c *pecho:* tributo, recaudación.

ovo en este comedio *a*tanto de pujar,
todos los de Ur*o*pa non lo podrían pagar.

740   Dex*emos* Sancho Ordóñez en aqueste lugar,
envió sus dineros al buen conde pagar,
el conde don Fernando non los quiso tomar,
ovo en este pleito la cosa a dexar.

[El rey navarro entra por Castilla.]

741   Dexemos tod aquesto, *en* Navarra tornemos,
aún de los navarros partir no*n* nos podemos;
allá do lo dexamos, assí como leemos,
en *E*ste*l*la l' dexamos, allá lo enpeçemos.

742   El rey de los navarros en las cortes estando,
....
a todas sus conpañas muy fuerte se quexando
del mal que le fiziera el conde don Ferrando.

743   Dixo les que tal cosa non lo quería endurar,
d' un condezi*e*llo malo tantos daños tomar,
que con él non quería otra m*i*en*t* pleitear,
mas que quería morir o se quería vengar.

744   Movió se de Estella con todo su poder,
vino p*o*ra Casti*e*lla, començó la *a* correr;
essora ovo el conde contra León mover,
non quedó en la tierra quien g*e*la defender.

745   Corrió toda Burueva e toda Piedralada,
corrió los Montes d' Oca, buena tierra provada,
corrió a Rio d' Ovierna de pan *bien abastada,*
a las puertas de Burgos fizo su albergada.

746   Quesiera si pudiera a la condessa levar,

743a   *endurar:* soportar.
745a   *Burueva:* la Bureva, región de la provincia de Burgos al
límite de la de Álava; *Pidralada:* Perelada, se encuentra en el valle
de Bureva, cuyo centro más importante es Briviesca.
745c   *Rio d'Ovierna:* Río Ubierna, afluente del Arlazón. El
Ubierna pasa por Vivar, patria del Cid, donde éste tenía unos
molinos.

por amor que pudiesse al conde desonrar;
la condessa fue artera, *sopo se bien guardar,*
sol non le quiso ver nin le quiso fablar.

747   Cuando *ovo* el condado corrido e robado,
levaron mucha prea e mucho *de* ganado,
con *muy* fuerte ganancia torno s' a su reinado,
mas fue a poco de tienpo cara m*ie*nte conprado.

[*El conde desafía al navarro.*]

748   Cuando fue don Ferrando a Casti*e*lla tornado,
falló el su condado corrido e robado,
de ganados e d' omnes falló mucho llevado,
pesol de coraçón, fue ende muy irado.

749   Envió l' don Ferrando luego desafiar:
que si lo que levara non lo quesiés tornar,
que iría a Navarra sus ganados buscar,
e verié quién avía de gelo anparar.

750   Cuando al rey Garçía llegó el cavallero,
recabdó su mandado como buen mensajero;
dixo que no l' daría valía d' un dinero,
de lo que l' des*fiava* que era bien plazentero.

751   El uno nin el otro alongar no l' quesieron,
juntaron sus poderes cuant aína pudieron,
cad' uno de su parte grand gente aduxeron,
el rey e don Ferrando a buscar se andovieron.

[*Batalla de Valpirre.*]

752   Ayuntaron se en uno en un fuerte vallejo,
buen lugar p*o*ra caça de li*e*bres e conejo,
cojen í mucha grana con que tiñen bermejo,
al pie le passa Ebro much irado e sobejo.

752c   *grana:* cochinilla, quermes.

753   Valpirre l' dizen todos, *e* assí le llamaron,
       do el rey *e* el conde anbos se ayuntaron;
       el uno contra el otro anbos *se* endereçaron,
       e la *fuert* lid canpal allí la escomençaron.

754   Non podría más fuerte, ni*n* más brava seer,
       ca allí les iva todo, levantar o caer;
       el *conde* nin el rey non po*drién* más fazer,
       los unos *e* los otros fazían tod su poder.

755   Muy grand fue la fazienda, mucho más el ro*í*do,
       daría omne gran voz e non sería oído,
       el que oído fuesse sería com gran tronido,
       non podría oir vozes *nin* ningund apellido.

756   Grandes eran los golpes, mayores non podían,
       los unos *e* los otros tod su poder fazían,
       muchos caían en tierra que nunca se erzían,
       de sangre los arroyos mucha tierra cobrían.

757   Assaz eran navarros caveros esforçados,
       que en cualquier lugar serían buenos provados,
       omnes son de gran cue*n*ta, de coraçón loçanos,
       mas *eran* contra 'l conde todos desventurados.

758   Quiso Dios al buen conde esta graçia fazer,
       que moros ni*n* cristianos non le podían vençer,
       vençido fue García con todo su poder.

....

[El conde es llamado a cortes.]

el conde Fernánd Gonçález, pues que ovo vençudo al
rey don Garçía, como avemos dicho, et fue tornado a so

_____

   [753a] *Valpirre:* hoy Valpierre, paraje entre Briones y Nájera, de
Norte a Sur, y entre Asensio y Cirueña de Este a Oeste.
   [756c] *erzían:* levantaban.
   [758b] Con este verso termina el Ms. del Escorial; la *PCG* sigue
prosificando el *Poema* en los capítulos 717-720 que ponemos a
continuación. La crónica alfonsina nos permite aún reconstruir el
verso 758c y conocer el final del *Poema* que acaba con la compra
de la independencia de Castilla al no poder el rey pagar el precio
del caballo y del azor.

condado, llegol mandado del rey de León quel fuesse a
cortes o quel dexasse el condado. El conde, cuando ovo
leídas las cartas, quel el rey enviara desto, envió por sus
ricos omnes et por todos los cavalleros onrrados de
Castiella; et desque fueron venidos a éll, díxoles assí:
«Amigos et parientes, yo so vuestro señor natural, et
ruégovos que me consegedes assí como buenos vas-
sallos deven fazer a señor. El rey de León me ha enviado
dezir por sus cartas quel dé el condado, et yo quiérogelo
dar, ca non serié derecho de ge lo tener por fuerça,
porque nos avrié que dezir et retraer, a mi et a cuantos
viniessen después de mí, si yo al ende fiziesse. Demás
non só yo omne de alçarme con tierra, et los castellanos
tales fechos como estos non los suelen fazer; et cuando
fuesse sonado por España que nos alçáramos con la
tierra al rey de León, todos cuantos buenos fechos fi-
ziemos, todos serién perdudos por ý. Ca si faze omne
cient bienes et después faze un yerro señero, antes le
contarán ell un mal fecho que los cient buenos que haya
fechos; et esto nasce todo de envidia. Et nunqua nasçió
omne en el mundo que a todos los omnes fuesse comu-
nal; et por ende dizen a las veces del grand mal bien, et
del bien gran mal. Pues nos avemos sofrido grand la-
zerio et estamos en estado cual nunqua cuedamos, loado
a Dios, et si assí lo perdiéssemos, toda nuestra lazeria
serié de balde. Et nos por lealdad nos preciamos de
siempre, et assí sea pora siempre; et por ende quiero yo
ir a las cortes, si por bien lo tenedes, et cuando yo allá
fuere non seremos reptados.

[Decide cumplir su deber de vasallo.]

Amigos et vassallos, oídos avedes ya lo que vos he
mostrado, et si vos otro conseio sabedes meior que éste,
ruégovos que me lo digades, ca si yo errado fuere, vos
en grand culpa yazedes. Et la cosa que a señor más
cumple es buen consegero, ca mucho vale más que
aquel que bien lidia, porque en el consegero yaze bien

et mal; et el señor hase de conseiar mucho a menudo por que non le hayan los omnes en quel travar, et puede por mal consegero tomar tal yerro, que nunqua por lidiar que faga le puede desfazer. Et el buen consegero non deve aver miedo nin vergüença al señor, mas dezirle toda la verdad et lo que entiende que es derecho. Mas algunos hay que en logar de ser consegeros son losengeros, et non quieren o non osan conseiar al señor sinon lo que entienden quel plaze, et dízenle que aquello es lo meior; et estos tales non se pueden salvar que muy grand culpa non han en esto, ca se puede perder un grand omne por mal consegero. Mas el que bien quiere conseiar a señor deve primero ver et pensar tod el fecho que es o a que puede recodir fasta la postrimería, et deve guardar en sí mismo que non sea vandero, et non se deve vencer nin por miedo nin por vergüença nin por grand enemizdad nin por grand amor nin otrossi por grand desamor nin por dar nin prometer, si conseio derecho quiere dar a señor. Tod esto vos digo por que non menoscabedes del buen prez que avedes; ca si por alguna falla huviades del descender, apenas puede ser que lo nunqua podades cobrar. Et amigos, sobre todo ha mester que guardedes lealdad, ca maguer que muere la carne, la maldad que omne faze nunqua muere, et fincan dell sus parientes con muy mal heredamiento. Assaz vos he mostrado carreras por ó seades buenos et vos guardedes de caer en yerro, ca bien sé que ante de pocos días seredes en tal cueyta que avredes mester seso et esfuerço. Et vos todos sabedes que el rey me quiere muy grand mal, et cierto só que non podré escapar que non sea preso o maltrecho, et allí veré yo cómo me acorredes o qué conseio avredes pora sacarme ende. Et dígovos que si ir non quisiere a aquellas cortes, que me pueden reptar. Et vos bien sabedes que non deve lidiar el omne que tuerto tiene, ca Dios non le quiere ayudar. Et más vale ser muerto o preso que non fazer mal fecho que después hayan a los parientes que retraer. Et esto es lo que yo quiero fazer, si lo vos tenedes por bien; et quiérome ir luego, et ruégovos que aguardedes a García mi fijo.» Et espidiose entonces dellos et fuesse de ida, et non quiso consigo levar mas de VII cavalleros.

[El conde llega a León.]

Et assí como llegó a León non le salió a recebir omne ninguno, et tóvolo él por mala señal. Otro día fuesse pora palacio, et fue por besar la mano al rey; et él non ge la quiso dar et dixol: «Tiradvos allá, cuende, ca mucho sodes loçano. Bien ha tres años que non quisiestes venir a mis cortes, demás alçástesme vos con el condado, et devedes ser reptado por ende; et sin esto, fiziéstesme muchos pesares et muchos tuertos, et nunqua me los meiorastes. Mas fío en Dios que ante que daquí salgades me faredes ende buen derecho. Pero si todos les tuertos que me avedes fecho me quisiéredes emendar assí como mi corte mandare, dadme muy buenos fiadores a ello.» Pues que el rey ovo acabada su razón, respondiol el conde como omne muy bien razonado et de muy buen seso; mas non le tovo ningún pro a esta sazón. Et razonó assí el conde: «Sennor, de lo que dezides que me alcé con la tierra, non lo fiz nin vengo de logar pora fazer tal fecho, ca por lealtad et por mañas téngome por cavallero complido; mas fuy daquí la otra vez muy mal desondrado de los leoneses, et por esto non viníа a las cortes. Pero por una razón si me alçasse con la tierra non faría sin guisa, ca me tenedes mío aver forçado bien ha tres años. Et vos sabedes de cual guisa fue el pleito —et cartas hay denllo entre mí et vos— que si me non pagássedes los dineros al plazo, que fuessen cada día doblados. Et vos dadme fiadores otrossí que me cumplades mío aver assí como dize la carta, et yo darvos he fiadores otrossí que vos enmiende cuantas querellas de mí avedes assí como vuestra corte mandare.»

[El rey manda prender al conde.]

El rey fue muy sañudo contra él, et mandol luego prender allí et echarle en fierros.

Cap. 718.   Cuandos los castellanos sopieron que el conde era preso ovieron muy grand pesar, et fizieron por ende tamaño duelo como sil toviessen muerto delant.

[Dolor de doña Sancha.]

La condessa doña Sancha otrossí cuando lo sopo cayó amortida en tierra, et yogo por muerta una grand piesça del día. Mas pues que entró en su acuerdo dixiéronle: «Señora, non fazedes recabdo en vos quexar tanto, ca por vos quexar mucho non tiene pro al conde nin a vos. Mas a mester que catemos alguna carrera por quel podamos sacar por fuerça o por alguna arte o por cual guisa quier.» Desí ovieron so acuerdo et fablaron mucho en ello por cual manera le podrién sacar, et dizié y cada uno aquello quel semeiava guisado; mas por tod esso aún non podién fallar carrera por ó lo pudiessen fazer. Et por que el coraçón dell omne siempre está bullendo et pensando arte, fasta que falle carrera por ó pueda complir aquello que ha sabor, non queda, et la fuerte cosa se faze ligera de fazer desta guisa, ca el grand amor todas las cosas vence; et los castellanos tan grand sabor avién de sacar de la prisión a su señor el cuende, que su coraçón les dixo cual serié lo meior.

[Doña Sancha va en busca del conde.]

Desí ayuntáronse D cavalleros muy bien guisados de cavallos et de armas, et iuraron todos sobre los sanctos evangelios que fuessen todos con la condessa pora provar sil podríen sacar. Et desque esta jura fizieron, movieron de Castiella, et fuéronse de noche; et non quisieron ir por carrera ninguna, mas por los montes et por los valles desviados por que los non viessen los omnes, nin fuessen ellos descubiertos. Et quando llegaron a Manssiella la del camino, dexáronla de diestro, et alçáronse suso contra la Somoça, et fallaron un monte muy espesso et posaron todos allí en aquel monte.

[Entra en León como peregrina.]

La condessa doña Sancha dexolos allí estar, et fuesse ella pora León con dos cavalleros et non más, et su esportiella al cuello et su bordón en la mano como romera. Et fízolo saber al rey de cómo iva en romería a Sant Yague, et quel rogava quel dexasse ver al conde. El rey enviol dezir quel plazié muy de buena miente, et salió a recebirla fuera de la villa, con muchos cavalleros, bien cuanto una lengua. Et desque entraron en la villa, fuesse el rey pora su posada, et la condessa fue ver al conde. Et quandol vio, fuel abraçar llorando mucho de los oios. El conde entonces conortola et dixol que se non quexasse, ca a sofrir era todo lo que Dios querié dar a los omnes, et que tal cosa por reys et por grandes omnes contescié. La condessa envió luego dezir al rey quel rogava mucho, como a señor bueno et mesurado, que mandasse sacar al conde de los fierros, diziendol que el cavallo travado nunqua bien podíe fazer fijos. Dixo el rey estonces: «si Dios me vala, tengo que dize uerdad», et mandol luego sacar de los fierros. Et desí folgaron toda la noche amos en uno et fablaron ý mucho de sus cosas, et pusieron cómo fiziessen tod aquello, segund que lo tenién ordenado, si Dios ge lo quisiesse enderesçar assí.

[Libertad del conde.]

Et levantose la condessa de muy grand mañana cuando a los matines, et vistió al conde de todos los sus paños della. Et el conde mudado desta guisa fuesse pora la puerta en semeiança de dueña, et la condessa cerca dell et encubriéndose cuanto más et meior pudo; et quando llegaron a la puerta, dixo la condessa al portero quel abriesse la puerta. El portero respondió: «dueña, saberlo hemos del rey antes, si lo toviéredes por bien». Dixol ella estonces: «par Dios, portero, non ganas tu ninguna cosa en que yo tarde aquí et que non pueda después complir mi iornada». El portero cuedando que era la dueña et que saldrié ella, abriole la puerta, et salió el conde; et la condessa finco dentro tras la puerta encubriéndose del portero, de guisa que nunqua lo entendió. Et el conde, pues que salió, non se espidió nin fabló, por que por ventura non fuesse entendudo en la boz et se estorvasse por ý lo que éll et la condessa querién: et fuesse luego derechamientre pora un portal, de como le conseñara la condessa, do estavan aquellos dos cavalleros suyos atendiendol con un cavallo. Et el conde, assí como llegó, cavalgó en aquel cavallo quel tenién presto, et començáronse de ir et salieron de la villa muy encubiertamente, et diéronse a andar cuanto más pudieron, derechamientre poral logar do dexaran los cavalleros. Et cuando llegaron a la Somoça, fuéronse pora a aquel mont do aquellos cavalleros estavan atendiendo; et el conde, quando los vio, ovo con ellos muy grand plazer como omne que saliera de tal logar.

[El rey envía a la condesa a Castilla.]

Cap. 719.   Cuando el rey don Santo sopo que era ido el conde et por cual arte le sacar la condessa, pesol assí como si oviesse perdudo el reino; pero non quiso ser errado contra la condessa. Et desque fue ora, fuela ver a su posada do albergara con el conde, et assentose con ella a aver sus razones en uno, et preguntola et dixol sobre la ida del conde como osara ella enssayar tal cosa nin sacarle dallí. Respondiol la condessa et dixo: «Señor, atrevime en sacar el conde daquí porque vi que estava en grand cueyta et por que era cosa que me convenié cada que lo yo pudiesse guisar. Et demás atreviéndome en la vuestra mesura, tengo que lo fiz muy

bien; et vos, señor, faredes contra mí como buen señor
et buen rey, ca fija so de rey et muger de muy alto varon,
et vos non querades fazer contra mí cosa desguisada, ca
muy gran debdo he con vuestros fijos, et en la mi de-
sondra grand parte avredes vos. Et assí como sodes vos
de muy buen conoscer et muy entendudo señor, devedes
escoger lo meior, et catar que non fagades cosa que vos
hayan los omnes en qué travar; et yo por fazer derecho
non devo caer mal.» Pues que la condessa ovo acabada
su razón, respondiol el rey don Sancho desta guisa:
«condessa, vos fiziestes muy buen fecho et a guisa de
mui buena dueña, que será contada la vuestra bondad
por siempre, et mando a todos míos vassallos que vayan
con vusco et vos lieven fasta do es el conde, et que non
trasnochedes sin ell.» Los leoneses fizieron assí como
el rey les mandó, et levaron la condessa muy onrrada-
mientre como a dueña de tan alta guisa. El conde quando
la vio plogol mucho con ella, et tovo quel avié Dios
fecho mucha merced; et desí fuesse con ella et con toda
su compaña pora su condado.

[El conde pide otra vez el precio del caballo y el azor.]

   Cap. 720.   Empós esto que dicho es, el conde Fer-
nand González de Castiella —que non sopo estar as-
sessegado et quedo pues que conde fue de Castiella, ca
nin le dexaron los moros nin los reys moros, nin los
cristianos estar en paz— envió estonces dezir al rey don
Sancho de León quel diesse su aver quel devié por et
cavallo el ell açor quel comprara; si non, que non podrié
estar quel non pendrasse por ello. El rey don Sancho non
le envió respuesta dond el fuesse pagado, et el conde
ayuntó estonces todo su poder, et desquel tovo ayun-
tado, fue et entrol por el reino et corriole la tierra et levó
ende muchos ganados et muchos omnes. Quando el rey
don Sancho esto sopo, mandó a su mayordomo tomar
muy grand aver et que fuesse al conde a pagarle todo
aquell aver, et quel dixiesse quel tornasse todo lo quel

tomara de so reino, ca tenié quel no deviera peyndrar de tal guisa por tal cosa. El mayordomo fue al conde por pagarle ell aver; mas cuando el conde et él vinieron a la cuenta, fallaron que tanto era ya puiado, aviendo a ser doblado cada día segund la postura, que cuantos omnes en España avié que lo non podrién pagar; tan mucho era ya cresçudo sin guisa. Et el mayordomo óvose de tornar sin recabdo. El rey, cuando esto sopo, tóvose por muy embargado por aquel fecho, ca non fallava quién le diesse ý conseio; et si pudiera, repintiérase daquella mercadura de grado, ca se temié de perder el reino por ý.

[El rey declara exento el condado.]

Et quando vio que estava por ý tan mal parado el pleyto, et que nunqua podría pagar ell aver —tan grand era— fablose con sus vassallos, et acordaron quel diesse el condado en precio por aquell aver, ca nin éll nin los reys que empós el viniessen nunqua tanto avrién daquel condado, et siempre avrié ý contienda: tan buenos omnes y tan fuertes eran los castellanos et tan catadores de derecho. Et trexieron esta pleytesía con el conde, et diol el rey el condado en precio daquel aver. Et el conde falló que mercava muy bien en aquella pleytesía, et tomógele de grado, et demás tóvose por guarido por ello porque veié que salié de grand premia, et por que non avrié de besar mano a omne del mundo si non fuesse al Señor de la Ley; et este es ell apostóligo. Et desta guisa que aquí es contado salieron los castellanos de premia et de servidumbre et del poder de León et de sus leoneses...